Lupa da alma

Maria Homem

Lupa da alma
Quarentena-revelação

todavia

*Para CC e Z, meus amores nesta quarentena,
e sempre*

O ano de 2020 **9**
1. O Eu: Conflitos e insights **13**
2. O círculo da intimidade: Amor x desamor **23**
3. Filhos e pais: O fio da filiação **33**
4. Modo Zoom: Ensino, Trabalho e Amigo à distância **39**
5. Vida online **49**
6. Coletivo conectado: Navegando no mesmo mar **55**
7. Luto e morte: A sua e a minha **67**

O ano de 2020

O ano de 2020 deverá fazer história. Nem bem tinha começado, já transformava vidas e trazia mortes.

Ainda agora, na metade, vivemos tempos conturbados. Estamos menos protegidos por uma rotina ou uma previsibilidade sobre o trabalho, o dinheiro, o futuro, nosso corpo ou nossos projetos. Enfim, a própria vida. Em momentos assim as coisas se tornam mais agudas. A semente de inquietação ou loucura dentro de nós parece que se expande. Irrequietos não conseguem ficar quietos ou em casa. Deprimidos ficam mais tristes e ansiosos. Loucos ficam mais delirantes. Agudizar seria o verbo destes tempos?

As emoções parecem estar à flor da pele. Se estávamos buscando formas de mantê-las sob controle, ou sob anestesia, agora parecem ter obtido um passe livre para circular sem tanta repressão. Ficamos ouvindo gritos no interior da nossa mente, entre as pessoas próximas ou vindos lá de longe no mundo.

Talvez todos tenhamos momentos de destempero, e seria importante saber disso. O que é aliás um saber que deveria nos acompanhar para além de pandemias, pois não somos pura razão. Para começo de conversa, há que se reconhecer que o Eu não é senhor em sua morada, como diria Freud, e que a consciência não é soberana. Nossa subjetividade, fomos descobrindo pouco a pouco, e não sem resistência, é mais complexa que isso. É também caos, desrazão, dúvida, engano, autoengano, sabotagem e criação. Em momentos assim, de crise e saída do que inventamos como rotina partilhada, o caldeirão parece ferver. Subjetiva e socialmente.

Mas não são somente os afetos que saíram da caixa de Pandora. Também deixamos escapar palavras e mesmo ideias que antes ficavam bem trancadas. A gente diz o que antes parecia impensável, ou mesmo desconhecido. A nós mesmos, para o bem e para o mal. O difícil equilíbrio entre razão e emoção parece estar trincado: as ideias mais improváveis são alinhavadas e os sentimentos saem das rédeas.

Além disso, neste momento, e no mundo todo, as coisas ficam mais agudas para cada um mas também no coletivo. Os pactos sociais se desequilibram, tanto no interior das casas quanto no calor das ruas. Aumento do consumo de álcool? De violência doméstica? Consumo de todos os tipos de drogas, imagens, mercadorias? Manifestações ocupam as ruas e rompem a quarentena. A violência emerge mais claramente e conflitos vêm à tona. Brancos e negros, ricos e pobres, homens e mulheres. Todos somos iguais? A quarentena mostra que isso não é verdade. As formas de viver, de adoecer e de morrer mostram que isso está longe de ser verdade. No Brasil, além de todas essas questões, temos ainda formas arcaicas de fazer política, seja política ligada à conquista e manutenção do poder, seja ligada à saúde, educação, economia e outras áreas vitais.

Como não escutar esse caos que parece explodir em revelação? Essa experiência que nos é comum parece funcionar como uma lupa da alma, magnificando os eventos e nos deixando ver aquilo que estava oculto ou que tentava se expressar mas empurrávamos novamente para debaixo do tapete do recalque. Lupa sobre aquilo que acontece conosco tanto como sujeito individual quanto como sujeito coletivo, em esferas que conversam com níveis crescentes de complexidade: a casa, a cidade, o país, o planeta. Depois da velocidade inédita de transmissão de uma partícula — somente algumas semanas para colonizar toda a terra —, sabemos agora, mais do que nunca, o quanto nossa existência está conectada. Bilhões de pessoas ao mesmo tempo fazem face a um mesmo vírus. Talvez seja o maior laboratório subjetivo da história humana: nunca havíamos partilhado uma experiência dessa magnitude de forma simultânea. Querendo ou não, negando ou não, estamos mergulhados nisso até o pescoço. E aprendemos ainda algo além de nossa humanidade: estamos vendo quanto os bichos humanos fazem parte de uma complexa cadeia de interdependência com outros bichos. Os animais confinados e mercantilizados que nos alimentam são os mesmos que nos adoecem. Esse vasto mosaico de seres, processos e sentidos vai se oferecendo diante de nossos olhos. Não sem angústia.

Como não buscar elaborar o que se vive para que a travessia seja menos impossível?

Este pequeno livro busca refletir sobre as várias camadas que se revelam nestes tempos tão insólitos. Ele percorre uma estrutura em espiral, desenhando círculos que se expandem e dialetizam, caminhando do Eu até a Morte. Nesse caminho, passaremos, em sete capítulos, pelas várias relações que podemos tecer em diversas esferas da vida, da mais íntima à mais pública, chegando ao inorgânico: o Eu e suas facetas, o Outro, Amor, Ódio, Família, Filiação, Amigos, Trabalho, Laço Social, Coletivo, Planeta, Luto e Morte.

O mundo não vai mudar magicamente depois de 2020. Mas será outro. E certamente, para quem quiser ver, as coisas estarão mais visíveis.

I.
O Eu: Conflitos e insights

Uma mudança tão impactante na rotina e na forma de vida, e com um perigo no ar, pode trazer à tona muitas coisas que estavam "apaziguadas". Velhos e novos conflitos emergem, velhos e novos sintomas se tornam mais agudos. Antigos afetos, que pensávamos dominados, acordam de seus porões e vêm nos assustar.

O primeiro que pulsa é o medo. Um medo que, neste momento, é real. Não que todos os medos não sejam reais. Sim, para aquele que sente, mesmo num rompante paranoide mais constituído, em que seres imaginários estão todos prontos a me encarar e me perseguir, o meu pânico é absolutamente real. Os seres é que são imaginários. Mas, neste 2020 de coronavírus, o objeto ameaçador é real. Covid-19 é o nome dele: essa caixinha de código de replicação (chamado genético, aquele que faz a gênese), protegida por uma coroa resistente e invasora. Ele pode não ser nada, só uma gripezinha, ou pode nos sufocar, por vezes até o final. Como não temer? Como não viver o medo de um objeto real, mesmo que invisível? Aliás, talvez tenhamos mais medo do que é invisível. Ainda mais por ser enigmático, desconhecido para nós e não completamente encaixável nas categorias de análise, prevenção e controle que havíamos construído até aqui.

Diante do enigma, muitas vezes criamos. Desenhamos algo, uma forma, uma narrativa, uma batalha épica... sobre a folha em branco do desconhecido. E assim compreendemos — mesmo que ficticiamente, isto é, de maneira falsa — a realidade enigmática. Diante do não-saber, criamos um saber-qualquer-coisa que ao menos poderá agora me dizer o que afinal está acontecendo, qual meu lugar e risco diante disso, e sobretudo como vou me safar dessa. Foi assim que fulano achou que o vírus vinha da distante e sempre ameaçadora China para me dominar, ou talvez das igualmente misteriosas Arábias para me infectar, ou ainda da possante América, para me dominar. Não ouvimos diversas versões dessa mesma história neste momento?

O sujeito está pronto para ter medo, e também para se defender desse medo. Somos um maquinário psíquico muito hábil em fazer isso.

Há uma outra forma de fazer algo nessa linha que num primeiro momento parece muito eficaz. Face à ameaça e aos afetos que ela pode engendrar, elimina-se o objeto. Pronto, fica tranquilo, bebê, o monstro foi embora, não existe mais, aliás nunca existiu. Vírus? Que vírus? Invenção narrativa de alguma força maligna disposta a nos eliminar. O inimigo que inventou isso. Não existe isso. Afirmo isso pela minha boca e/ou pelo meu corpo, que insiste em ir para festa e se divertir, em público ou no privado. No meio da rua, sem máscara, sem medo, sem vergonha: junto com outros que se unem a mim e se manifestam ou bebem um gole sob a mesma bandeira da negação de algo que me traria muito sofrimento se existisse de fato. Ou no meio do jardim da casa dos amigos junto aos quais celebro e fotografo e veiculo nas redes esse momento de tanta alegria e felicidade. Para que todos vejam, acreditem e me devolvam seu olhar admirado para que, aí sim, eu de fato consiga sentir toda essa alegria e felicidade que o olhar do outro supõe em mim — em vez de uma coisa estranha que às vezes sinto. Um medo bizarro que na famosa calada da noite vem querer insidiosamente penetrar na minha mente e fissurar o espelho no qual me esforço para deixar pendurado aquele belo Ideal de Eu a me nortear.

Mesmo que você não sinta o medo e sim muita raiva, é bom saber que sempre sentimos muito medo e, por vezes, construímos uma intrincada alquimia para nos defender dele e escoar esse sofrimento sob a máscara da ira. Muitas vezes funciona. Mas você não vai conseguir curar seu ódio e seu ressentimento se não descobrir o medo que caminha com ele.

Outra coisa que a gente pode sentir é angústia. Na verdade, em todas essas topologias pelas quais passeamos agora, a angústia está entremeada. Mesmo que disfarçada sob forma de medo, raiva ou euforia. Por vezes ela bate pura, pura e forte. Vem só vácuo. Nesse momento ela vem de dentro, mais de dentro do que de qualquer bode expiatório ou objeto perigoso de fora; ela vem dos marcos que nos fundam e estão lá atrás, desenhados na nossa história e no nosso início de caminhada mundo adentro. Aqueles pontos cegos em que o encontro com o outro nos lançou em um abismo, ou onde o desamparo estrutural nos olhou no fundo do olho. Para dizer de uma forma mais precisa, um encontro com o real da condição humana, que precisou de um corpo hospedeiro (materno) e um olhar minimamente benevolente para não ser tragado pelo não amparo e não autossuficiência que são próprios desse bichinho frágil, vulnerável e falante que somos nós. Um vírus, ao mesmo tempo desconhecido e potencialmente letal, pode te colocar de volta nesse lugar. Tanto o vírus quanto o medo de tudo o que se pode perder ao balançar a rotina que estava desenhada justamente para conter a angústia: a agenda, o dinheiro, o reconhecimento.

No meio desse caldo, temos o cenário perfeito para que reapareça o fantasma da solidão. Aquele que a gente faz malabarismos mil para não deixar aparecer (na mesma série "agenda, dinheiro, reconhecimento"). Inclusive, uma parte importante da chamada vida social e sempre ocupada que é a nossa tem por função não nos deixar esbarrar no olho do furacão sempre à nossa espreita. Você no fundo está sozinho e ninguém se importa com você. Pronto, agora que devemos nos resguardar e isso significa nos isolar, você vê em que situação de fato solitária você vive. Sente falta de ter alguém para conversar, para se encostar, para amar, para trocar e trabalhar. Vivendo só ou com outras pessoas, uma sensação difusa e por vezes gelada de solidão tem penetrado nossas mentes. Essa a real solidão. Por uma sucessão de escolhas ou sintomas efetivados ao longo do caminho, quando se olha para o lado, a gente se vê sozinho, sem laço, sem parceria, sem ter com quem falar a verdade ou se apoiar quando a coisa aperta. O aperto da angústia não encontra ponte de partilha com outro humano, com uma alteridade falante que pode apontar para o Eu o mínimo vislumbre de uma escuta.

No entanto, é importante diferenciar solidão de solitude. Solitude tem a ver com a própria condição humana de estarmos irremediavelmente sós no interior da própria experiência. Nascemos sós, experimentamos sós o que nos cabe viver, morremos sós. Cada um vivencia o que lhe atravessa de uma forma radicalmente singular. Só eu sinto o amor que sinto pelo outro, mesmo que tenhamos caído juntos no pântano do amor (expressão linda da língua inglesa, aliás, *fall in love*), só eu grito naquele instante, só eu desisto profundamente de algo. Mesmo que seja uma massa enfurecida, o jeito de eu extravasar aquele ódio é só meu e pautado pelas minhas próprias e de fato inconscientes projeções colocadas num eventual mesmo objeto — aquele mito, aquele líder, aquele inimigo. A solitude revela que somos únicos, mesmo que sempre humanos. Aí a matriz do conceito de subjetividade, inclusive. Nesta quarentena, muitas vezes oscilamos e confundimos momentos de solidão com a solitude estrutural própria ao humano.

Outra coisa própria ao ser pensante que somos nós é a ânsia. Pensar é intelectar (matriz da inteligência, aliás, interligar), criar relações, conexões, decifrar padrões; e é também poder construir mundos, imaginarizar, desenhar. Criar um tempo e um espaço que não existem, mas que podem vir a existir. Dessa capacidade criativa radical ao vício que não deixa de fantasiar planos mirabolantes ou desgraças apocalípticas é um passo.

E nem precisa tudo isso, podemos ficar numa escala mais comezinha: podemos ficar vivendo no aqui e agora do presente mas sempre com a mente já capturada pelo instante seguinte. Lendo este livro já pensando no próximo livro, no próximo cigarro, na próxima mulher. Aqui encontramos a ansiedade, esse astuto mecanismo de estar aqui sem estar aqui. Ansiedade é a impossibilidade de se deixar atravessar pelo tempo presente. Um estar de corpo presente, como se diz, e a atenção deslocada sempre para fora, numa fantasia de domínio sobre o futuro, na boa e velha ilusão obsessiva de controle. Deixa eu viver isto aqui mas já pensando em como será aquilo ali, e fazendo este passo já arquitetando todos os seguintes e o caminho e as encruzilhadas e o mapa inteiro. Seria uma fobia da experiência ela mesma? Do radical do experimentar a vida no que ela tem de estruturalmente contingente? Talvez. Temos medo da experiência e do encontro com o outro, sempre transformando este outro em objeto a ser imediatamente substituído pelo seguinte. Sintoma tão contemporâneo, tão afeito à pressa e à roda incessante do consumo que moldam o sistema produtivo que nos alimenta. Nesses tempos insólitos, as pesquisas indicam um crescimento exponencial das queixas de ansiedade. E aumento de todos os tipos de defesa para ela. Do entorpecimento às pílulas. Em termos quantitativos, sofreremos mais de tudo isso do que do vírus propriamente dito.

O detalhe é que não temos todo o controle que gostaríamos sobre as coisas, nem do presente nem do futuro. Aliás, por mais que fantasiemos o contrário, podemos incidir bem menos sobre o passado, o presente e o futuro do que sequer podemos assumir. Quanto mais nos damos conta de que não há plena previsibilidade, controle nem garantia, mais criamos mecanismos de defesa negacionistas e eventualmente fantasiosos que nos dizem: sim, você pode, vamos pensar direitinho que você consegue resolver o "xadrez da vida", como se ela fosse um jogo com manuais e estratégias. E dá-lhe então horas de ruminação incessante. De preferência à noite, hora em que nossas defesas estão mais frágeis e os fantasmas nos invadem. Fique sem dormir, alerta, bem atento a tudo que pode te surpreender. E assim você alimenta uma dupla ilusão: não deixa nenhum monstro te pegar; e ainda repassa toda a sua vida, suas escolhas e falas e mínimos gestos para colocar em ordem o que fez e o que poderia ter feito. De brinde quem sabe ainda consegue escapar do descontrole máximo da razão e da consciência representado pelo sono. Muito bem. Eis todos os vetores possíveis a nos sustentar noites a fio na claridade da insônia, essa deusa que caminha junto com a ansiedade disciplinada. Ruminante do passado, estrategista do futuro. Para tudo se acabar no raiar do sol. Com você exausto e sem entender muito bem toda a imensa e inútil carga mental que acabou de produzir, que não levará a nenhum lugar. Como, em tempos de radical indefinição, não operar no canto da sereia da insônia, da ansiedade e de um matutar incessante? Como suportar o indefinido e o não saber? Justamente: não podemos sustentar o desconhecido sem nos conhecer e fazer o luto de fantasias de domínio e controle. Essa é a direção para poder dormir e sonhar. Dormir, sonhar e poder estar aqui e agora, com o outro, os outros e diante da sua própria vida.

Todavia, se por acaso esse momento de encontro com a consciência do que está sendo sua própria vida foi péssimo, você pode entrar em uma crise estranha e chamá-la de desânimo, estresse, tédio, inércia... Se a forma de viver que escolheu — sabendo que escolheu ou achando que não teve escolha — te parece insuportável, em algum nível não tem como evitar uma profunda tristeza. Se ela se permite ser vivida, sentida, e eventualmente elaborada, ótimo. Bem-vindo à vida como ela é e a um momento radical de transformação. Não tem como se despedir do que sempre se acreditou, da própria concepção de mundo sem sofrimento. Mas ou se percorre esse luto ou não conseguimos criar outra coisa. Isso é o mais interessante a se bancar.

Agora, se isso estiver muito difícil e a dor da consciência e desse luto for muito pesada, então podemos estar flertando com a depressão. Aquela luz do meio-dia que ilumina implacavelmente a verdade da condição humana sem deixar um fio de desejo possível ao qual o pobre sujeito possa se agarrar. Pois sem esse fio, fica muito difícil não soçobrar sob a melancolia que tudo devora. O que poderia fazer a sua vida singular valer a pena? Essa pergunta, ela mesma, vale a pena. O desafio é criar condições para que ela possa ser legitimada. Para que você tenha prazer em se interrogar e criar um imaginário de desejo que possa te despertar para o vivo.

Enfim, são múltiplas as vivências do Eu nestes tempos. Insônia, ansiedade, tédio, depressão, angústia, solidão... Um mal-estar na civilização que entrou no âmago de cada um de nós. Como fazemos? Uma estratégia possível, que tem se revelado comum na quarentena, é o aumento dos mais variados tipos de compulsão: por comida, bebida, drogas, sexo, redes sociais, consumo —como se essas fossem formas eficazes, ao menos num desesperado curto prazo, de apaziguar as primeiras. Tá doendo o peito? Acende mais um cigarro, abre mais uma garrafa, toma mais uma pílula, saboreie esse chocolate derretendo no rio da sua boca. Por vezes mensuramos isso. As pesquisas nos mostram: quantificar sofrimento subjetivo ainda é difícil, mas podemos contar objetos de gozo.

Às vezes, um tipo peculiar de sofrimento vem à tona: o exercício da violência. Normalmente sobre o outro mais frágil que vive com você — aquele filho que se colocou ali na sua frente para receber toda a irritação acumulada na quarentena ou, quem sabe, numa vida; ou aquela vadia com quem você vive e que está tentando aprender na internet como escrever cartazes em segredo e silêncio para que alguma denúncia seja feita e alguém venha salvá-la. Há também, e isso vem de longe mas agora é gritante, a violência agressiva e ofensiva em que nos permitimos chafurdar nas redes sociais. Violência da agressão e da ofensa; e também da mentira e da falsidade. Ou, ainda, aumento da violência levemente anônima contra o vizinho semidesconhecido que faz panelaço e desopila sua revolta em dias diferentes da sua.

Às vezes essa forma de violência não é tão sutil e você se autoriza a mandar bala — bala, sim, de metal — na janela do filha da puta que está berrando contra o sonho mítico que você precisa tanto acariciar em seu coração. Como se nos autorizássemos a saborear o amargo porém doce gosto da pulsão de morte no seu pior. Pois a força destrutiva de Tânatos, quando bem entrelaçada junto a Eros, na essencial "fusão pulsional" freudiana, é ferramenta que pode estar a serviço da vida, que pode desconectar aqui para refundar algo acolá. Nada como o intrincado balé de morte e vida que é a estrutura do próprio viver. Agora, a pura potência de destruição, a serviço de ideias e símbolos que veiculam impulsos genocidas, beira a pura morte. E o gozo da morte vem, em parte porque sempre esteve aí, em parte porque, em momentos como esse, de fio da navalha, perdemos uma organização integrada e nos voltamos ao puro gozo mortífero que nos ameaça desde dentro. Mas isso veremos melhor mais ao final, pois precisamos da complacência do outro para que se dê esse movimento, no pior do que uma organização de indivíduos em "forma de massa" pode gerar.

Voltemos ao nosso pobre e agoniado Eu. No meio disso, aumenta também a busca por terapias. Em minha não tão jovem experiência clínica, este foi o momento, sem dúvida, da maior chegada de novos pedidos de análise. Insights e descobertas podem acontecer nestes tempos insólitos? Sim, e talvez sobretudo por isso. Não existe transformação sem dor, sem a dor de uma experiência de atravessamento. Como é que abrimos mão de conhecidos hábitos, mesmo que confortáveis? Só quando cai a ficha do longo jogo de pôquer que estamos jogando com a vida e descobrimos que não vale mais a pena uma aposta furada em certa ilusão ou em determinada forma de se colocar no mundo.

Há várias formas de fugir de um encontro consigo mesmo, todas as que vimos. E mais algumas, pois nossa criatividade é imensa. Mas há outras muitas de enfrentamento e de preparo para poder olhar tranquilamente para o fiel retrato de seu próprio ser que agora se nos apresenta. Aqui está um tempo possível para descobertas. Se a gente tiver um tiquinho de coragem e aprender a sustentar o silêncio, talvez dê para escutar algumas notas de uma possível nova melodia. Por que tanta falação no mundo? Pra que tanta barulheira? Para fugir desse encontro. Ficar olhando para fora, para fora, para o outro — mais feio que eu, mais belo que eu — é sempre distração.

Quais as condições para se descobrir o novo? Afinal, o que é um insight? Interrogação clínica antiga, que em última instância dialoga com o mistério da criação. Como algo se gesta em nossa mente e vem à consciência? O ano de 2020 poderia ser ponto de virada para que isso viesse a acontecer.

2.
O círculo da intimidade: Amor x desamor

Este capítulo serve para quem vive sozinho e para quem vive com alguém. Pois mesmo quando vivemos fisicamente sozinhos, podemos estar vivendo imaginariamente com alguém ou alguéns. E quando vivemos com alguém, podemos na verdade estar vivendo sozinhos. Há várias estratégias para manter o outro de fato perto ou afastado de nós, sem penetrar na zona de segurança que muitas vezes erguemos ao nosso redor. Como descobrir nossa forma de fazer laço com o outro da intimidade?

A quarentena é uma espécie de jogo, em que estávamos todos correndo enlouquecidamente na quadra da vida e de repente alguém gritou: estátua! E tivemos que congelar o movimento. Aí pudemos — fomos obrigados a — ver melhor como e com quem estávamos construindo nosso dia a dia. Como se dá a relação com esse outro (próximo, muito próximo) na quarentena? Saberemos criar outras formas de se relacionar com o outro? Esse o desafio, sobretudo em tempos de polarização, em que mitificar e odiar são duas operações tão convidativas. No interior das casas não temos como não esbarrar nos conflitos (os explícitos e os implícitos) da micropolítica cotidiana, a que mostra como anda a interlocução, o sexo, a divisão das tarefas, o jeito de comer ou agredir e tudo o que a partilha de território coloca em cena. Podemos agrupar todas essas perguntas em termos mais arquetípicos, talvez essenciais: afinal, quem sou eu e quem é você? E quem somos nós juntos? E como podemos viver juntos? É aqui que Amor e Política se entrelaçam.

O universo do ultraprivado é território de convivência e de atuação das nossas matrizes inconscientes de relação com o outro.

De modo geral, podemos viver sós ou acompanhados. E nos fazer acompanhar de amigos ou parceiros de relações mais ou menos sexuadas. República, casamento, família, namoro à distância? Qual a maneira que você construiu para viver no espaço da Casa? Como você vive com esse outro? O *freezing* imposto pela quarentena vai nos revelar a nós mesmos. Como se o momento de isolamento social proposto e por vezes imposto fosse um portal que vai se fechando, se fechando, até que você é colocado em uma casa do tabuleiro e *voilà*: você vive assim, nesse lugar, desse jeito, com essas pessoas e neste tipo de pacto. Olhe bem para isso.

Você está feliz e realizado em morar sozinho? A existência *single* talvez fosse tudo o que você sempre desejou, e na verdade dá graças aos céus por ter podido se separar duas semanas antes do portal ter se fechado diante de você. Ou, pelo contrário, nessa mesma situação, você estava prestes a assinar papéis, já dormindo em quartos separados e fazendo a dura escolha do que levar e do que deixar para trás. Mas eis que a quarentena te fez adiar os planos. E agora, o que estava fazendo mesmo? Quem é essa pessoa com quem casei? Por que fiz isso? Ou, pelo contrário, por que caí nessa história de insatisfação e inventei essa separação? Não sei de mais nada.

Como se o saber com o qual se estava habituado a viver — ou a alienação de mim e das coisas com que a pressa do famoso dia a dia pressionava minha consciência — não valesse muito mais neste momento. De repente, o mundo caiu. Meu mundo estruturado, ordenado, compartilhado com os outros, onde o caos e as surpresas tentavam ser mais controladas, subjugadas em uma rotina estável e previsível, ficou balançando na corda bamba de meus próprios questionamentos. Fiquei levemente perdido no labirinto das infinitas possibilidades e da direção desejada da vida que busco para mim. Como se pudéssemos agora olhar para aquele com quem partilhamos a cama e o banheiro com um olhar mais cru. Como todos os vetores dos laços sociais se condensam no corpo dos próximos com os quais se convive, as relações íntimas ficam mais à flor da pele. E revelam de forma inequívoca as práticas às quais estamos habituados e os velhos sulcos pelos quais ciframos as relações entre homens, mulheres e todas as posições sexuadas possíveis.

O que a lupa nos diz? Não foi uma surpresa: que há relações estruturalmente desiguais entre homens e mulheres. Que os homens levantam, se arrumam e entram no trabalho, no cômodo ao lado, do qual não saem até as onze horas da noite, em sucessivas, urgentes e muito importantes reuniões de trabalho. Ou estão na rua trabalhando para quem necessita, ou procurando o trabalho necessário, ou ainda rondando pela cidade já um pouco cansados de procurar esse trabalho que nunca vem. As mulheres, que há séculos ficavam com a casa e os filhos, agora equilibram a casa, os filhos, o homem, a si próprias e o trabalho (regulamentado ou improvisado), em um looping infindável. Nesse caldo, como encontrar o fio do amor que um dia nos uniu? O fio do amor não sei, mas os intrincados fios que nos unem ao outro estão mais visíveis, como se de repente essa hiperconvivência inesperada tivesse inventado um composto químico que iluminasse os pactos subterrâneos e as camadas de não ditos que permeiam qualquer relação humana. Como se fosse uma visão em raio X. O par, com o qual estabeleci parcerias de entretenimento, cuidado, moradia, reprodução, enriquecimento ou aliança de defesa para ganhar a vida, revela para mim suas várias estratégias para realizar todas essas tarefas ou para escapar delas. Revela a pequena série de mentiras que conta para si mesmo e seus colegas ou as artimanhas que usa em uma reunião ou para fechar um negócio, como educa ou deseduca ou escapa da função de educar os filhos, como prepara ou não a comida, como faz barulho para comer e eu nunca tinha percebido muito bem esse detalhe. Pois agora todos somos levados a perceber vários detalhes onde se revela o diabo — que é um nome antigo para dizer da verdade que o outro esconde e eu deixava ele esconder para não atrapalhar muito a minha própria vida.

Sim, esse processo de colocação em xeque da ideia de um amor romântico mágico já vem acontecendo há um bom tempo. Já tínhamos saboreado uma amostra com os grandes romances da modernidade do século XIX que ao mesmo tempo cifraram esse ideal de amor e já o colocaram na berlinda — e estão aí Madame Bovary, Anna Kariênina ou Capitu para não nos deixar mentir. Mas é como se tanto o medo que nos é comum quanto a aproximação que nos é imposta nos convidassem a mais uma etapa do longo desencantamento histórico que vem revestindo a ilusão romântica. Não à toa, as pesquisas apontam na maioria dos lares uma diminuição brutal das relações sexuais. O corpo do outro se desveste da aura de fetiche e fantasia que precisaria suportar para que o desejo circule. O outro se desveste das narrativas imaginárias que sustentavam a relação. Os casamentos não estão mais entremeados pela prática livre das curiosamente chamadas relações extraconjugais (que na maioria das vezes têm a exata função de sustentar a conjugalidade). O quanto disso tudo saberemos ou poderemos reconstruir num pós-pandemia?

Veremos. Mas, o que fica mais complicado é reconstruir elos que sofreram rasgos. Por vezes os circuitos pulsionais se desequilibram mais do que o planejado. Como no momento está mais complicado encontrar jovens para flertar ou subalternos para descontar as tensões, então há que se aumentar a carga de assédio em casa. Aumento de violência doméstica? Curioso mas previsível fenômeno produzido pela quarentena. Revela o quanto as mulheres e os mais frágeis têm a função de equalização da potência destrutiva de todos os impulsos sem endereçamento escoativo no interior da complexa rede das relações sociais. Quando ficamos "trancados" em casa, a panela explode sua pressão na orelha da mulher, essa personagem quase mítica sobre a qual há milênios projetamos (quase) todo o mal. Ela é a fonte de incômodo e insatisfação. Ela é a culpada. O detalhe é que nos últimos tempos as coisas têm mudado de figura, e perspectiva. Essa narrativa já não funciona tão bem. Nem para quem bate, nem para quem apanha. Não à toa, países que tiveram o início da quarentena antes de nós registraram alto recorde no número de divórcios. Veremos o saldo final da empreitada. Mas talvez precisemos de mais alguns anos para entrevistar, criar modelos e organizar os muitos dados e relatos que certamente surgirão das cinzas deste presente que virará um passado muito rico a se estudar e refletir sobre.

Mas e quando o desamor e a violência como formas de laço cedem lugar a um amor possível? Vamos seguir neste capítulo com esperança. E perseverança.

Para os *singles*, os soltos, os solteiros. Vamos dizer que você ao menos fez uma descoberta valiosa nestes tempos de solidão forçada e pode finalmente decidir sobre um dos lados do pêndulo no qual balança há tempos. Vivo só e é dessa forma que quero e sei viver. Me dá um prazer inenarrável ter minha casa, minhas coisas, meus casos, meus bichos, meu tempo, minha agenda. E o prazer com que repito essa palavra, esse tipo de pronome possessivo, revela um estilo de conexão com as coisas, me ajuda a ver que o eixo é o eu individual e que todos os objetos que circundam ao redor devem estar exatamente aí, nos vários círculos que desenho ao redor de mim e preenchem minha existência (e não lado a lado). Minha vida é livre e plena nesse desenho individual.

Ou, pelo contrário, o que vi se acumular nesta centena de dias é a certeza de que não suporto mais. Que não quero isso para mim, que me cansa, me entedia, me deprime e me dá raiva não ter alguém, não ter um par, estar sempre sozinho. Me sinto só e profundamente infeliz ao ter que ficar sempre procurando prazer em minha própria companhia e dizendo para mim mesmo que bom que é ser livre e dono do meu tempo e do meu nariz. Estou exausto de me convencer da verdade dessa narrativa e agora assumo em alto e bom som que algo me falta, pior que isso, que alguém me falta. Um alguém que nem sei quem é, que nem existe, que tenho medo e preguiça do imenso trabalho de procurar, inventar, encontrar. E que de fato me irrita profundamente ter que ter esse trabalho e o amor não funcionar como a seta mágica de cupidos modernos que flecham olhares certeiros em multidões cosmopolitas (abertura de nove entre dez comédias românticas norte-americanas). Cadê o encontro certeiro e fatal? Frustração. Então digo que não quero nada e estou bem assim. Mas a verdade é que agora, sozinho e trancado, vem a sensação cristalina: não, não estou bem e queria muito ter alguém como vejo tanta gente tendo. Me revolta tudo isso, me faz chorar e beber sozinho uma garrafa de vinho toda noite. Mas a verdade é que agora me deparei com a falta e não consigo mais tampar o sol com a peneira.

Assumir a falta é o primeiro passo para que se possa amar. Vamos ver o que poderemos construir a partir disso. Várias pessoas "furam" o isolamento com o pretexto do sexo. O pretexto do sexo sempre foi mais leve do que dizer eu preciso olhar para alguém e falar com alguém de carne e osso, encostando nesse alguém agora já. Outros usam o pretexto de ter alguém para olhar e conversar mas querem só uma trepada pois cansaram de se masturbar no conforto das velhas fantasias.

De qualquer forma, aplicativos de encontro como Tinder e Grindr tiveram um aumento de uso. Claro, os bares e as ruas, aplicativos reais, foram fechados durante um bom tempo. Esses novos dispositivos revelam algo novo: a busca por "ajuda emocional" e o aumento de procura por parcerias afetivas, mesmo à distância. Nos autorizamos a querer pessoas, para além dos corpos das pessoas. Até inventamos um novo termo: carentena. Soubemos assumir o querer ou a carência? Quem sabe no futuro, mais próximo ou distante, saibamos nos libertar da velha dicotomia dita platônica e reafirmada por tantos que separou corpo e alma. Quem sabe teremos a oportunidade de não precisar insistir nessa velha divisão que no fundo buscava tanto compreender a finitude das coisas e almejava a eternidade ao menos dessa entidade vaga chamada psique — e que não por acaso nomeia nosso pequeno livro. Psique vem do grego *psychein* e significa sopro: o sopro de vida que nos anima. E de novo aqui encontramos a sabedoria das palavras, o latim ânima também remete a sopro e, assim, alma. (Aliás, essa a origem do termo "animal", o grupo de seres animados.) Talvez possamos não precisar separar tanto corpo e alma e todos os seus derivados, como amor e sexo, ativo e passivo, homem e mulher. Bom, talvez tudo isso em um futuro mais para distante.

Voltando às formas de amores possíveis. Um outro fenômeno interessante se deu nesta pandemia. Quando o portal do isolamento social foi se fechando e vimos que precisaríamos escolher o formato de laço social com que iríamos atravessar a quarentena, muitos que estavam em um início de relação ou ainda não tinham tido a coragem ou a vontade (decidida) de efetivar um pacto, assim o fizeram. Vamos casar. Agora já. Vamos partilhar a casa. Sem grandes cálculos ou procrastinações. Nossa antiga neurose obsessiva que regurgita dúvidas eternas enfim cede e se precipita uma decisão: vamos aproveitar a oportunidade. Como se tivesse se instaurado uma consciência coletiva mais sensível ao "momento preciso", ou o "tempo oportuno", uma das figuras do tempo, que os gregos chamavam de Kayrós e representavam com um ser veloz que tinha somente um cacho de cabelo na testa. Temos que ser muito ágeis para agarrá-lo, pois o momento é aqui e agora. Diferente de Cronos, o tempo que se mede no tique-taque contínuo de sua implacável ampulheta, e não cessa de escoar.

O ano de 2020 nos abriu a famosa janela de oportunidade — eu ainda diria de fato uma porta de oportunidade, aquela que se atravessa. Janela é lugar de onde se olha. E se você fica olhando muito, sempre vai ter mais uma vizinha ou uma intriga interessante para observar e assim você vai passar décadas com o umbigo na mesma janela. E não vai ter aquele rompante definidor, aquele momento de precipitação que te faz levantar do sofá e abrir a porta. Uma porta não espera muito. Aliás, não há muitas portas em nosso caminho, ainda mais abertas, para serem efetivamente atravessadas. De alguma maneira, a arte da clínica lida com a captura desse ponto nevrálgico em que o sentido de urgência pode precipitar o ato. Se o ato caminhar na direção do desejo, aquele radical, que move o sujeito, tanto melhor.

Nestes tempos de pandemia, foi como se essa ameaça pairando no ar nos convidasse a ter a coragem do ato ao mesmo tempo nos liberando do eventual peso excessivo de sua carga simbólica. Assim, entrou-se na era da união instável, seja com a namorada que você vem cozinhando há anos ou aquela que você conheceu no réveillon ou Carnaval de 2020. Vamos nos casar. Sem entender muito bem se era a coisa certa a se fazer. Mas fez. Algo em você te fez fazer. Solidão, medo, inconsciente, identificações primárias. Não importa neste momento. Afinal, não precisamos entender tudo ou estar sempre sob o peso do ideal da bendita "coisa certa a fazer". O tempo irá dizer, como diziam nossas sábias avós. Isso significa que é sempre a posteriori que se sabe algo do que se faz ou mesmo do que se deseja. Como diria Freud, em um conceito importante, *Nachträglichkeit*. O sentido só se faz ao final da frase, do período, da retomada da experiência.

E assim então tivemos nesta quarentena algumas uniões em que se começa a conhecer o outro já convivendo quase vinte e quatro horas com essa pessoa. É uma forma possível de fazer. Digamos que não deixa de ser uma metodologia experimental avançada. Não é tão inédita no mundo — afinal, as pessoas por milênios a fio se casavam sem se conhecer muito bem. Era a regra do jogo. Esse estilo de se fazer um test-drive — ir morar com o namorado, eventualmente ter um filho — antes de penetrar no compromisso do casamento é uma invenção recente. Em termos históricos, aliás, recentíssima. Algumas décadas. Lembrando que nem toda a humanidade está caminhando nesse passo, inclusive em nosso país, com embates ainda entre a modernidade e a tradição, que busca resistir com narrativas de supremacia da noiva virgem e do pacto vitalício. Escutamos aqui os ecos da luta contra os múltiplos formatos das relações contemporâneas, que tanto nos assustam, e do desejo de permanência que ressurge nos ideários evangélicos, mais ou menos neopentecostais. A família leia-se estável cristã poderia nos oferecer a muito desejada segurança, esse artigo cada vez mais raro em tempos líquidos e precários.

Assim, para se legitimar diante de si mesmo, para os outros verem ou para o convênio médico, casou-se na prática e no papel. Arrumamos testemunhas, sérias ou na brincadeira, e formalizamos esse passo, esse passo por essa porta que estava entreaberta. Enfim, juntemo-nos. Afinal, já compreendemos que somos frágeis e mesmo com toda tecnologia de proteção, talvez sejamos mais fortes juntos que separados. Mesmo que no decorrer do processo precisemos nos separar um pouco. Nos separar um pouco tanto no refúgio de cada cômodo, se se tiver essa possibilidade, quanto nos separar por aquele mesmo que breve espaço de tempo em que um dos pares "volta para a sua casa". Depois retorna, e temos mais um round do jogo. Que o caminho não seja muito árido. Um brinde aos recém-casados.

E os já-casados? Já falamos. Ao menos da parte nevrálgica, eventualmente problemática ou conflituosa, seja por questões do encaixe de cada um, ou melhor, do encaixe de sintomas de cada relação, seja por questões estruturais (a desigualdade de forças, o machismo, o patriarcalismo, o feminismo, o capitalismo, as relações mais ou menos precarizadas de trabalho e tudo o que abordamos sem necessariamente usar essas nomenclaturas). Mas queria deixar ao menos um parágrafo de presente àquelas e àqueles que tiveram a fortuna de se descobrir em uma relação viva. E, como se diz — aliás muito bem —, uma relação que vale a pena. Vale e de preferência muito diante do que penamos para estar lá.

Lembrando que gostaria de dar à palavra "fortuna" uma dupla acepção: a de seta do destino que pode nos trazer a sorte ou a desgraça, nesse caso a bênção de um amor tranquilo de si ao mesmo tempo que instigante; e também fortuna como fruto maduro de um trabalho bem realizado. Não que se tenha que necessariamente "trabalhar" muito em uma relação humana, com infinitas DRs ou análises psicologizantes sobre si ou o outro, e as respectivas famílias e históricos até a quarta geração. Mas trabalhar-se a si mesmo para que o encontro com o outro seja mais possível que impossível, e que o prazer que pode advir do atrito com a alteridade seja maior que o desprazer da loucura que por vezes invade os meandros de nossas casas. Quem sabe a quarentena te reapresentou uma pessoa com a qual você se sente vivo. Vem uma vontade de que ela não vá embora nunca, pois alimenta algo profundo em você, algo que sem essa pessoa estaria aí, é seu, mas talvez não tão vívido e partilhado.

Enfim, nunca ficou tão claro que o outro é parte fundamental do Eu, vivendo esse Eu sozinho ou com alguém. Parece complicado mas não é: não escapamos do outro de jeito nenhum. Ele pode ser real ou imaginário, uma pessoa ou um ideal. Normalmente é tudo isso misturado. Como diria Lacan, nó borromeano, que entrelaça o real, o simbólico e o imaginário. De qualquer forma, que façamos os nós que possamos sustentar e desamarrar.

3.
Filhos e pais: O fio da filiação

Neste momento, não tem como a linha da filiação não estar exposta. Como nos amparamos naqueles que vieram antes de nós e nos criaram? E como, normalmente identificados a esses pais, apresentamos o mundo e o que supomos ser a realidade para nossos filhos? Enfim, como criamos e educamos aqueles que dependem de nós? E, seguindo a corrente, como sustentamos e cuidamos (ou não) dos pais velhos? Ou seja, neste momento nevrálgico da corda tocamos nas tão velhas e insondáveis questões: de onde viemos, para onde vamos e com quem?

Podemos ser só filhos, podemos ser pais e filhos, podemos ser pais e avós (e filhos, sempre). Este capítulo é sobre os fios verticais com os quais nos sustentamos no mundo. Sobre maternidade e paternidade, e sobre parentalidade. Como exercer essas funções num momento em que os filhos estão conosco ou no cômodo ao lado todas as horas de todos os dias? Em que o jeito de terceirizar serviços e funções se torna mais esgarçado? Dependendo da idade do seu filho, você deverá ficar muito mais tempo com ele do que qualquer vizinha ou babá ou escola pudesse ter ficado antes. Como está sendo essa experiência? Enlouquecedora? Reveladora? No mínimo, nos revelamos um pouco mais a cada dia para nós mesmos, nossos parceiros e nossos filhos. E vice-versa. Quem é mesmo essa criança tão interessante e inteligente que aprende essas coisas todas sobre as quais eu nem tinha ideia? Ou, outra versão de surpresa: quem é essa criança estranha e apática que é meu próprio filho e que parece ter perdido um lugar confortável no mundo? Que escudo é esse seu em contínuo mergulho em horas e horas diante da tarefa de matar charadas meio bobas para matar inimigos imaginários? Espera um pouco, o que é afinal esse universo no qual ele passava horas sem nem eu ver chamado jogo de ver, ops, videogame?

E sobre ensinar, aprender, resolver problemas, criar hipóteses, tecer narrativas... *homeschooling* é algo sobre o qual eu já tinha dedicado alguns minutos de pensamento? Ensino à distância? Ensino remoto? O que seria isso? Não parecem ser coisas tão diferentes, mas também não compreendemos muito bem a diferença, e as escolhas políticas subjacentes a esse debate. Então agora tenho que lavar a louça, o banheiro, a roupa e ainda pensar sobre técnicas de aprendizagem e práticas de ensino e transmissão de conhecimento da civilização humana? Sim. Parece que sim.

Estamos sendo convidados (obrigados) a refletir sobre os processos de consciência ou de denegação que se colocam em cena, envoltos em uma sensação de risco e de perda iminente. Sobretudo em um país em que o embate entre o "conservador" e o "progressista" parece ser uma luta arquetípica. Não parecemos poder aprofundar de fato a conversa sobre o que queremos manter da tradição, o que se deseja conservar ou o que queremos deixar de lado, ou deixar de carregar, para poder seguir. O velho embate entre o "antigo" e o "moderno" aqui encontrou formas brutas, e que se enlaçam com sobreposições em diversos campos da vida, dos costumes à economia, passando pela organização social. Os conflitos polarizados estão dentro e fora da família. E, no meio de toda essa tensão simbólica e afetiva, se dá o encontro com a vulnerabilidade: nossa, de nossas crianças, de nossos velhos.

E nos deparamos aqui com o antigo conceito de fraternidade, quer você o considere cristão ou revolucionário. Ou em sua vestimenta mais moderna, a solidariedade. Ou ainda, no escopo deste capítulo, no vasto tema da relação entre irmãos.

O problema é que essa relação não é simples nem nunca será. Já havia nos ensinado o Gênesis, quando nos introduz o tema com um assassinato. O ódio ao outro próximo é sempre um risco altíssimo. Raras são as vezes em que a fraternidade se organiza como uma relação de harmonia e projeto, sem que as rivalidades intestinas nos destruam no decorrer da tarefa. Nas palavras de Freud: estamos no âmago do narcisismo das pequenas diferenças, aquelas que nos doem muito mais do que as grandes diferenças, as que conseguimos deixar mais distantes da narcísica aura protetiva do Eu.

Assim, como se colocar diante de seus filhos, que são irmãos entre si ou meios-irmãos? Vivemos hoje nessa teia complexa que é a família mosaico contemporânea, com seus elos de parentalidade que incluem madrastidade e padrastidade, com mais ou menos conflitos. Como torcer para que os filhos de outra mulher não entrem nunca mais em sua casa e em contato com os seus próprios filhos e depois suportar a culpa por ter desejado isso agora tão sem disfarce?

A forma de se colocar diante de um conflito entre irmãos vai revolver dentro de você uma tecla bem aguda que é sua própria relação com seus irmãos, reais ou não. Mesmo sendo filha ou filho único, você tem uma relação construída com o outro, os "pares". Aliás, sendo filho único (usando essa expressão curiosa), você ainda assim terá um outro imaginário com o qual competir pelo olhar do outro, ainda mais que foi criado sendo o único objeto de amor filial de seus pais. O que de fato é só uma construção imaginária, pois qualquer filho, sendo "único" ou não, jamais será o único objeto de desejo de seus pais, que, para além do filho, desejarão inúmeras outras coisas. E que bom que assim o façam. Ou seja, todos temos "irmãos", pares, colegas e a famosa alteridade para praticar o conflito. Para rivalizar, disputar, competir e, eventualmente, cooperar. E eventualmente poder contar. Você é um irmão para mim. É esse o nó inconsciente em torno do qual as relações íntimas e próximas giram, agora de forma mais explícita que antes. Como não temos à disposição as instituições que dissolviam essa hiperconvivência no cuidado partilhado dos irmãos, como, para quem tem dinheiro, as várias escolas (curricular, de línguas, de esportes, de música, de robótica, de lazer), somos obrigados a escutar os ruídos dos conflitos estruturais dessa relação.

Uma outra tônica da mesma questão se revela nos elos que se estabelecem entre irmãos adultos nesta quarentena (adultos por fora, sempre unidos por laços e traumas infantis por dentro). Como partilhar os cuidados com os pais velhos? Como partilhar a resolução dos problemas sérios dos idosos, dos doentes, dos deficientes, dos loucos, dos endividados, dos insuportáveis da família? O que cada um toma para si ou expulsa de si tem muita conexão com todas as montagens inconscientes que por anos foram se aparafusando em nossa psique. E que agora, neste congelamento das cenas e das situações de 2020, são reveladas no instantâneo fotográfico das posições que cada boneco tende a ocupar no tabuleiro familiar. Quem é você na cartografia do lar? Aquele filho que mora com os pais (para ser cuidado ou para cuidar sempre), aquele outro que cuida e "casa" com a mãe, aquele que paga as contas de grande parte da família ou ainda aquele outro que "viajou para fora" porque foi o único lugar possível de respirar, o fora... Quem sustenta o quê, material e psiquicamente? Se você não sabia muito bem, agora é só se virar e olhar.

E a vontade de não ter que saber de nada disso nem ter que fazer nada sobre isso? Essa vontade vai te atormentar nas noites de insônia ou ficará guardada e trancada a oito chaves, porque você vai reprimi-la a todo custo, até explodir em uma crise de angústia ou de pânico sem sentido (voltamos ao primeiro capítulo). Depois você levanta, sacode a poeira e tenta pensar diferente. Afinal, você tem filho para criar e não pode se dar ao luxo de ouvir grandes e incômodas verdades de seu temeroso inconsciente lhe dizendo que tudo o que você quereria agora era não estar metido em nenhuma dessas teias familiares mirabolantes e sedutoras nas quais se enroscou. Que no fundo queria estar no fundo da toca do seu mundinho individual, talvez fetal, de onde nunca deveria ter saído.

Outro pedaço sensível no longo fio da filiação é o medo da morte. Sobretudo daqueles que amamos e nos amparam, material e/ou psiquicamente. Esse medo é tão profundo, antigo e angustiante que todas as religiões nos confortam com a ideia de reencontro, de uma outra oportunidade, uma outra vida. Afinal, estamos no arquétipo do desejo de se "religar" com os que perderemos. Não é essa a etimologia da palavra "religião"? Religação com os seres dos quais precisamos e, também, com o grande sentido para todas as coisas (sentido de que precisamos igualmente).

Agora, o medo da morte aflora com força, pois estamos diante da possibilidade de um adoecimento de consequências ainda desconhecidas. E que se mostra mais letal para os mais velhos. E nossos pais? Posso sofrer essa perda? E quem serei eu se perder meus pais? O fantasma da orfandade nos ronda. Afinal, os pais — mais velhos que nós, naturalmente — fazem parte agora do grupo de risco. Talvez sempre tenham feito, pois, a rigor, quanto mais velho, mais próximo da morte. Isso não é estatística ou pandemia somente, isso é da condição da vida. Mas um vírus nos revela de forma brutal que sim, meus pais velhos são mais vulneráveis que eu diante dessa potencialidade de desaparecimento.

Como convivo com meus pais? Como cuido ou não cuido deles? O que desejo, afinal? Aqui as fantasias inconscientes mais difíceis podem vir à tona. Ou não vir à tona e justamente por isso nos torturarem mais. Afinal, como disse Freud, dentro de cada pequeno ser edípico vive um assassino do próprio pai. Assim como o infanticídio, o parricídio é uma fantasia constitutiva de nossos desejos inconscientes inconfessos — seria com nada menos que isso que estamos lidando agora? Quantas vezes não pensamos ou sonhamos (com horror ou não) que não tínhamos mais filhos ou não tínhamos mais pais?

Ou também nos defrontamos com a ideia — ou a realidade — de que, diante da morte e do desaparecimento de nossos pais, ficaremos cada vez mais sós? E portanto frágeis, temerosos, impotentes e soltos demais na realidade do mundo? Claro, a pequena criança que habita em nós se por um lado deseja a aniquilação do outro que tem autoridade sobre ela, por outro teme mais que tudo o seu desaparecimento. Essa é uma das ambivalências fundamentais do humano. Parece que não temos como viver sem oscilar entre um lugar imaginário de onipotência radical e o chão do desespero em que os pais e todos os que se colocam como "deus pai todo-poderoso" não sejam nada mais do que quimeras evanescentes no espaço.

4.
Modo Zoom: Ensino, Trabalho e Amigo à distância

Como a diretiva passou a ser o isolamento social, fomos convidados a criar uma nova arte do encontro. De repente, sem combinar antes e, portanto, sem grandes preparos, tivemos que aprender a encontrar pessoas à distância. A estudar, trabalhar e conversar com amigos e familiares através de várias ferramentas de transmissão de voz e imagem. As aulas são remotas, as reuniões são remotas. As festas são cada um no seu quadrado, os funerais são sem o corpo presente. Eis aqui uma transformação radical de nosso estar no mundo e da forma com que aprendemos a sentir. A sentir, a sofrer e a gozar.

Ou seja, socializamos de um outro jeito. Poderíamos dizer: de um novo jeito, de certa forma inédito. "Encontrar" pessoas, na verdade, é algo no fundo intrigante. O que seria de fato "encontrar" o outro? O que é um encontro? Talvez seja algo indefinível a priori, aquele tipo de coisa que só sabemos que aconteceu depois que aconteceu. *Après-coup*, maravilhosa expressão francesa que sintetiza muito dos eventos psíquicos: depois do golpe. Ou como quando a gente diz, em bom português, que rolou. Nesse momento usamos palavras como "rolou", "bateu", "virou" e outros verbos que tentam expressar que algo aconteceu entre duas ou mais pessoas que tiveram — olha só — um encontro. E que foram transformadas por ele ou que, juntas, devem empreender uma transformação. Quando a gente sai de um encontro casual de Tinder ou um *blind date* e sabe que alguma coisa aconteceu. Ou quando a gente sai de um encontro de trabalho e diz: a reunião foi ótima. Isso significa, sobretudo, que coisas irão acontecer — que novas coisas serão realizadas. Algo virou.

O que será que acontece quando algo acontece? Uma mudança subjetiva tal que nós não somos os mesmos que fomos antes, mesmo que numa parcela mínima. Algo em mim agora sente e pensa diferente. E talvez possamos sentir e pensar juntos de forma diferente. A aula, a palestra, o congresso foram ótimos. Tudo o que ouvi reverbera em mim de tal forma que não sou mais o mesmo que era antes de escutar essas coisas e ter esses insights. Como quando se vê um filme ou se lê um livro que nos faz perceber o novo, ter a consciência de algo, ou nos dá o direito de pensar alguma coisa que antes estava numa zona um pouco nebulosa ou mesmo recalcada. Tudo isso é encontro. Encontro com o outro vivo, com o corpo do outro, a palavra do outro; sendo palavra falada ou escrita, e esse outro estando vivo ou morto. Encontro é quando o eu não é mais o mesmo depois de ter esbarrado em algo e ter se deixado penetrar por essa experiência.

Podemos tentar pensar pelo negativo. Quando não acontece o encontro, a gente sabe. Algo parece que, ao invés do desabrochar que estava na mira, brocha. Cai. Normalmente falamos que foi chato, ou entediante, ou não quero mais isso. Algo chato, achatado, plano, liso, sem relevo. Como se fosse uma superfície lisa e achatada sem nada para capturar o olhar.

Às vezes fazemos vários pseudoencontros. Aliás, talvez na vida façamos mesmo muitos pseudoencontros, em que estruturamos uma rotina justamente para não transformar nada e deixar tudo como está. Vemos pessoas, mandamos mensagens, fazemos reuniões e desempenhamos inúmeras tarefas para dar conta de um "cotidiano" em que a finalidade última é se defender de qualquer tipo de complicação. Trabalhamos muito para que nada nos atrapalhe a paz de espírito, aquela que talvez seja uma paz em que o espírito fique para sempre adormecido.

Então, mesmo sendo tão enigmático, e mesmo que não saibamos definir com precisão o que seria encontrar o outro, sabemos quando acontece. Agora, em que grande parte da vida cotidiana passa pela tela do computador ou do celular e suas inúmeras formas de interação à distância, como é que estamos encontrando coisas e pessoas? Estaríamos inventando então novas formas de relação? Bem-vindo ao modo zoom de encontrar o outro.

A pergunta fica ainda mais original quando pensamos que socializar, nesse nosso novo caso, poderia ser sem o cheiro, a vibração do corpo, o calor que emana do outro. Isso sem falar que estamos, no modo zoom de viver, sempre fadados a uma lógica, digamos, levemente esquizoide, pois sempre em partes. O corpo do outro como totalidade e nosso próprio corpo também como um todo que ocupa determinado volume no espaço deixam de existir no mesmo território. Vemos sempre uma parte do outro, normalmente o rosto e os ombros, assim como nós mesmos estamos assim em um outro quadrado. Às vezes temos um pouco mais, às vezes um pouco menos. Sempre um pedaço. Aliás um retângulo, reduzidos que estamos agora a um 3x4 da nossa existência. De vez em quando nos levantamos e a câmera (de enquadramento quase sempre fixo) baixa um pouco — quer dizer, nós nos levantamos — e vemos uma barriga e por vezes uma pelve: é que a pessoa levantou para pegar um café ou fechar a porta ou pegar o carregador de algum dos eletrônicos que alimentam este tipo de vida. Este tipo de vida que é a vida básica de muitos milhões de pessoas neste momento. Isto é, de quem tem ou pode ter trabalho agora e assim. E parece que, de um jeito ou de outro, vai ser a vida básica de muitos milhões daqui pra frente: mais simples e barato.

As crianças, os jovens e os jovens adultos estão aprendendo a aprender dessa maneira também. Até crianças pequenas estão sendo ensinadas a ouvir uma música e ver um filminho em suas aulas de cinco minutos, talvez sete. No dia seguinte, ou depois de seis meses de quarentena e sem aula presencial, talvez aprendam a ficar quietas, todas juntas com outras crianças lá longe, por quem sabe treze minutos. Cada minuto de uma criança quieta é um ganho assaz importante para que os genitores, sobretudo as mães, possam fazer outras coisas, como preparar a comida, dar um tapa no banheiro ou num relatório. Como poder simultaneamente produzir trabalho e educação? Ensinando cada um a viver no seu quadrado, para que ao final possamos todos dar conta de nossas obrigações. Nesse intrincado cabo de guerra com nossa própria consciência e as dúvidas de qualquer parentalidade minimamente comprometida, acabamos por nos convencer ou vencer: estava exausta, uma meia hora (duas horas?) de YouTube, tablet, TV, desenho, nesta loucura que estamos vivendo, não faz mal a ninguém. E dá-lhe transformação neuronal. Da onde e para onde, ainda não sabemos. Mas quem disse que a história se faz com plena previsão e controle? Ela se faz mais aos trancos e barrancos mesmo. Torcendo para não cair no precipício, aquele que está logo aí, sempre.

As crianças maiores também devem ser entretidas. E elas têm universo mental próprio e autônomo para seguir brincando sozinhas por mais tempo, o que significa também que podem ser convencidas a aprender e desenvolver tarefas por mais tempo. Na prática, isso significa que podem ficar na frente do computador um par de horas por dia com as boas e caridosas almas que são mal remuneradas para isso. As chamadas professoras e alguns poucos professores. Isso para as classes médias e altas. As baixas estão nas ruas e nas casas, ambas cheias de gente. Sem computador com rede estável ou sem rede ou sem computador nenhum, com algum celular de plano que sempre acaba antes do fim do mês. Quando é que a democracia existirá na prática para todos não sabemos, mas talvez as empresas dessa área tenham vislumbrado que seria um projeto incrível e um dinheiro igualmente inacreditável fornecer "acesso" a todas essas pessoas que estão à margem desse portal de entrada

(entrada para o quê, exatamente, talvez precisemos de outros livros para refletir).

Como aprender sozinho? Seria possível? Aqui as crianças grandes nos surpreendem. Quase todas nos mostram que — se não foram submetidas a traumas psíquicos invalidantes no início da vida — aprender é um grande prazer. Esse é um dos poucos trunfos da vida e da escola. Somos potencialmente uma máquina de desejar saber, sempre à espreita do que tem do outro lado da porta. Em cima do céu e em cima da montanha. Embaixo do sol e embaixo da terra. O que vocês estão fazendo? O que estão falando de mim? Qual humano não carrega essas perguntas e as inúmeras fantasias daí derivadas? Ah, sim, o inconsciente é todo feito desse tipo de associação levemente delirante. O brincar é profundamente investido desse tipo de interrogação. O aprender também. O encontro social também. O que tem aqui? E logo ali adiante? E como funciona isso? Essa máquina, esse corpo, esse ser? Eu mesmo, você, esta família e todos nós? Somos uma máquina pensante tentando decifrar os funcionamentos de todas as coisas, de vírus a formigas, de primatas a estrelas, de desejos a sentimentos. Não tem como tirar do nosso ser a insaciável vontade de encontrar e de saber.

Neste momento as crianças, e também os adultos, se revelam ótimos alunos. Se as pessoas estão interessadas em saber o que a escola, o trabalho ou o mundo institucionalizado está querendo ensinar para elas, isso é outra história. Às vezes isso acontece, e a pessoa é considerada "bom aluno" ou "trabalhador do mês". Muitas vezes vai se criando um imenso descompasso entre o aluno e a escola, ou entre o indivíduo e a sociedade, digamos, pois o desejo profundo de cada um vai se desvencilhando do desejo do outro. E muitas vezes acontece a separação, como em muitas parcerias e muitos casamentos. Mas o que vemos nestes tempos de quarentena é que estamos aprendendo muitas coisas: crianças e adultos estão entendendo melhor qual a dinâmica de sua família e como sua professora ou chefe conduz (ou não conduz) de forma coesa aquelas várias figuras irrequietas por detrás dos quadradinhos do Zoom, Meet, Webex ou qualquer outra palavra normalmente gringa.

Seremos capazes de cativar as pessoas à distância para caminhar conosco nas diretrizes e bases que julgamos ser as melhores? Saberemos ensinar, aprender, trabalhar, encontrar? Parece que tentamos domar a ansiedade que advém dessas perguntas com tentativas de métricas e apaziguamento diante de termos como patamares de "produtividade", esse sagrado contemporâneo. Os números futuros (médias, Enems, avaliações, pesquisas, bolsas, IPOs, PIBs) quem sabe irão nos ajudar nessa interrogação. Ano perdido de aprendizado e produção? Isso não existe para o psiquismo. Ano perdido no tocante ao que quereríamos que os pequenos e jovens aprendessem do que julgamos formador para um futuro trabalhador e partícipe do sistema de vida que inventamos? Ano perdido na produção de tantas riquezas que acabam cada vez mais concentradas nas mãos de quem menos precisaria? Talvez.

Quem sabe fração, raiz quadrada, ortografia, inequação sejam mais potentes que aprender a conviver em um par de metros quadrados ou mandar mensagens para as pessoas de sexo oposto ou simplesmente de algum sexo que agora não vejo mais diante de mim. Aliás, sim, vejo seres sexuados diante de mim, ao mesmo tempo que bem longe de mim. Adolescer assim é um desafio, não diria que maior ou menor que o usual, que já não é pequeno. Juvenescer também. Adultescer e entrar no mercado também. Empregar-se ou desempregar-se é difícil, sempre. Assim como casar e separar. Envelhecer e morrer também, nem precisamos repetir esse óbvio. Enfim, fácil não parece estar sendo para ninguém. Mas diferente. Com a particularidade de estarmos sem balizas sociais conhecidas para o enfrentamento desses momentos de travessia simbólica, que sempre se fazem no tecido social, junto com o outro.

Quem sabe por isso muitas vezes trabalhamos com a "câmera fechada". Para que se expor continuamente ao olhar do outro, meu amigo, meu colega, meu chefe, enfim, meu avaliador superegoico? Talvez por isso aumente o isolamento, a alienação, a compulsão, a criação e circulação de memes e nudes, muitas vezes absolutamente "sem noção"? Sem noção de mim mesmo, de outro, de dor, de empatia, de ofensa. É uma hipótese. Afinal, em todos os níveis, parece que conviver está sendo difícil. À distância, mais ainda.

As nuances e os jogos sub-reptícios no ambiente de trabalho virtual mimetizam as estratégias já conhecidas do mundo offline. Que por sua vez é réplica ou arquétipo de qualquer ambiente minimamente institucionalizado humano, a começar da família. Os jogos, as seduções, as fobias, as rivalidades — mais ou menos produtivas — estão aí para quem quiser ler. Todos sofremos com elas e, no melhor dos casos, vamos aprendendo a lidar com essa camada inevitável das paixões políticas humanas. Trabalhar é sobretudo realizar o trabalho subjetivo de se relacionar ao mesmo tempo com o objeto do trabalho e com as pessoas ao nosso redor, as que nos ajudam a realizá-lo e sobretudo as que nos atrapalham (normalmente as que nos dão mais trabalho e nos fazem gastar muito, mas muito mais horas de terapia). De qualquer forma, parece ser uma unanimidade: nesta pandemia, todos trabalhamos muito mais. Não há mais grande divisão entre espaço público e privado, entre horário comercial e as vinte e quatro horas do dia, entre dias úteis e fim de semana. Com três grandes barreiras de proteção da individualidade sendo liquefeitas, somos demandados a operar sem parar. Tempos e espaços se confundem, distâncias e territórios se reorganizam: eis o modo zoom de fazer o fazer sem cessar.

No meio desse infinito produzir, há leves pausas para descanso. Em meio ao dever, o lazer. Ou, palavra mágica, entretenimento. Talvez a pausa, talvez uma nova vivência. Vamos tomar um vinho pelo Meet. Amanhã? Já batemos um papo pelo face. Festa? Maravilha, manda o link. Tem DJ, playlist, drinklist, tudo. Dançar diante da tela, flertar na sala ao lado, na cozinha? Como, onde e com quem? Inédita maneira de mimetizar o real dos corpos em interação. Funciona?

Talvez por isso não tenhamos conseguido impedir churrascos, praias e baladas proibidas, além das numerosas aglomerações em bares que teimamos legalmente em abrir. Aglomerações de sangue quente para o vírus circular? Por que não? Afinal, não aguento mais ficar preso em casa. Não aguento mais a solidão. Não suporto mais pensar que isso é sério e que posso morrer sem ver ele, ela, todos; tocar, beber, desvairar. Elas acontecem como um ato de desobediência real por falta de suposição de saber e confiança em uma autoridade simbólica, na ciência e na realidade.

No fundo não acreditamos e nem desejamos acreditar que haveria vírus e risco de adoecimento e morte. E a postura de fantasia e negação de alguns serve de álibi para meu próprio comportamento irresponsável. No fundo, por mais que os líderes e todos os que ocupam posições relacionadas à função de poder (de pastores a animadores das massas, de chefes a figuras parentais) possam ser irresponsáveis, não tenho o direito de me espelhar neles. Se eles são otários, problema deles. No fundo ou no raso, sou eu mesmo responsável por mim e por minhas decisões. O valor ou desvalor do outro não deveria ser pretexto para que eu não consiga lidar com minha dificuldade de lidar com o limite e a frustração que isso implica. Será que vivemos nessa lógica de liberdade e responsabilidade individual radical? Se sou privado de algo, ok. Se não consigo algo, ok. Se não posso ir e vir como gostaria neste momento porque senão um vírus poderá ir e vir como ele gostaria, simplesmente não posso ir e vir como gostaria. Como viver e sobreviver diante disso? Não parece que compartilhamos essa visão de mundo. Buscamos figuras que sirvam de modelo para minhas identificações e obediências, enquanto demandamos ajuda e exemplo do outro. Talvez algum dia saibamos equilibrar o fino fio da navalha que dialetizaria a responsabilidade do Estado e a de cada um de nós. Por ora, sobretudo no Brasil de 2020, nos enroscamos em mensagens confusas e contraditórias. Ou seja, a festa é clandestina e o baile é secreto, proibido e excitante.

Mas essa é a exceção. O que se abre diante de nós como novo normal é o modo zoom de encontrar o outro. Um novo modo de funcionar que nos demanda muito. Prática e subjetivamente. E é um trabalho, um descanso, um ensino e um aprendizado que envolve todas as gerações. Mesmo os mais velhos, eles também devem aprender a manusear cada vez mais os aparelhos que possam lhes proporcionar alguma rede social. Afinal, se o vírus é risco e sobretudo para os mais velhos, eles não podem interagir com todas as pessoas o tempo todo. Então vamos acelerar a aprendizagem das redes sociais e das famosas novas tecnologias para que possamos ver os netos, os concertos, os shows e essa invenção original chamada live.

Sem dúvida estamos diante de uma grande transformação mental, em que tanto crianças de dois anos quanto idosos de oitenta aprendem a se ver uns aos outros e a ver todos os outros no formato de uma pequena tela que mostra aos nossos olhos algumas partes e alguns sons. Isso pode parecer um detalhe mas o tempo dirá o quanto esse formato e esse enquadramento da câmera subjetiva irá interferir em nossas formas de sentir e interagir com outros seres humanos. O que sabemos é que nos últimos cem mil anos da história da nossa espécie esse formato não tinha sido ainda mapeado pelo nosso cérebro. Tudo isso engendraria qual tipo de interação? Assim, nos aproximamos do quê, e nos distanciamos do quê? Para voltar ao início deste capítulo, a pergunta fundamental seria: afinal, desse jeito, o encontro acontecerá? Esse formato de relação vai permitir que possamos nos transformar em contato com o outro?

5.
Vida online

Não só a relação com aqueles que conhecemos em carne e osso se transforma neste momento. Se encontramos os conhecidos (conhecidos íntimos, familiares, amigos, colegas) pelo zoom, encontramos todos os outros e todas as coisas que queremos pela mágica rede interconectada, mais conhecida pelo apelido internet. Vivemos hoje via *calls*, *meetings*, *social media*; nas plataformas, apps, sites. As relações e grande parte da vida estão se transformando: se naturaliza a mediação das máquinas. A vida é aqui, agora e online. E o mundo externo chega — e sai — pelas telas.

E cada vez mais as próprias cadeias produtivas se dão conta do quanto poderemos "diminuir os custos" da vida chamada real que levávamos até então. Qual a tentação? Transformar camadas cada vez mais amplas da experiência humana em processos virtuais. A lógica online veio para ficar? Sim. Aprendemos a comprar, trabalhar e festejar online mas também a vender, mediar, consultar, medicar, julgar, fazer política, sexo, enfim, existir à distância. Parece que temos tecnologia para isso. Inclusive, com softwares cada vez mais sofisticados, inteligência artificial, dispositivos vestíveis e impressoras 3D cada vez menores e mais baratas, poderemos comprar e produzir uma infinita miríade de "experiências" e objetos para acalentar essa nova forma de vida que parece se desenhar. VR é bem mais que um conceito para games ou uma realidade virtual específica programada em determinadas topologias. É um sistema mental e subjetivo que moldará nossa forma de sentir, pensar e se relacionar.

Você acorda e vai ao banheiro. Já leva o celular. Para ver (sim, ver) o que falaram para você ou de você. E também o que falaram dos outros ou para os outros ou ao vento. E também o que escreveram (isso significa que você lê jornal e revista e eventualmente livro). Você eventualmente toma um banho — por enquanto com água bem material pois ainda não inventamos uma forma de lavar e fazer as necessidades sem se deparar com o real do corpo. Depois você come — idem (você come de forma material, pois por ora o corpo humano só obtém energia processando matéria orgânica ou mesmo sintética extraída de outra matéria orgânica). Depois você começa a brincar, estudar e/ou trabalhar (as duas últimas atividades podendo ser derivações bem-sucedidas do brincar infantil, como desejaria nosso espírito winnicottiano). A primeira talvez, as duas últimas possivelmente pelo computador ou qualquer tipo de gadget eletrônico que te comunique com algo ou alguéns.

Depois você faz as compras da comida, do entretenimento, dos materiais do trabalho e do estudo também pelos dispositivos. Cada vez você vai menos em lojas que agora a gente chama de físicas. Você basicamente vive em um pequeno território físico chamado casa e se relaciona com o mundo chamado externo por esses dispositivos e seus aplicativos. Há ainda alguns seres orgânicos ou mesmo robôs que trazem as coisas materiais de que você precisa. Às vezes, com um só clique. Consumo com um clique é essencial. É a astuta *1-click technique*, pois se descobriu que se eles encurtam os passos a gente compra mais. O e-commerce é agora "o" comércio. Vários dos outros — físico — fecharam com a pandemia, ou vão fechar a médio prazo. Não faz sentido todo aquele trabalho de pegar metrô, uber, bike ou pegar o carro, pôr gasolina, procurar vaga, pagar estacionamento e/ou alguém para achar a vaga, andar, pegar elevador, subir escada rolante. Passear para ver loja física e gente física? Imagina que tinha tudo isso? Uma viagem. Sim, era um passeio.

De vez em quando se fazia pausa para café e para ver o que estava acontecendo no mundo externo. Bem antigamente chamava dar uma volta pela vila onde você morava e conhecia todo mundo. Ou no feudo. Depois era na cidade, quando o processo de urbanização se acelerou. E poetas capturavam as pessoas na rua e por vezes eram fisgados por uma passante, como Baudelaire no meio do século XIX. Se você nasceu no século passado, teve a oportunidade de conhecer uma ou mais metrópoles reais. Agora você mora numa bolha variável, em que escolhe o cenário em que está, o pano de fundo e o panorama frontal. E vê o mundo exterior que quiser, tudo online.

Hoje você escolhe também as imagens e as notícias, que são as narrativas que acompanham as imagens e os sons. Esse é um aspecto fundamental da nova sensibilidade subjetiva que moldará a vida online. Não somente a forma de se "relacionar" e "comprar" se naturaliza online, mas também o modo de "compreender". Você pode escolher: tem as narrativas verdadeiras, as falsas e as neutras. As neutras são aquelas feitas sob medida para não te agredir nem te ofender nem te deixar muito triste. As que foram muito bem calculadas para não te fazer ter ou sentir ou processar as emoções. As narrativas neutras são raras. Normalmente têm conexão com coisas e pessoas que não te dizem respeito.

As narrativas falsas são as melhores para o contrário, para te deixar sentir muita emoção: raiva do outro, o culpado; e também muito medo, do mesmo culpado ou de um outro, ou de um invasor; e também sentir muita admiração e amor pela pessoa incrível que vai lutar contra tudo isso e te salvar; e também sentir muita força e coragem. Sabe? Aquela sensação assim de que agora vai. Agora o mundo vai se ajeitar e acabou essa zona, bagunça, putaria, corrupção, atraso e tudo o que havia de errado (normalmente a alta complexidade é interpretada como caos, disrupção e erro). Agora tudo vai dar certo. Agora vai. Agora é a grande transformação. A grande revolução que vai fazer o Novo Homem e o Novo Mundo. Adoramos esse tipo de notícia de vez em quando. Tem gente que gosta disso sempre, direto e reto. É muito bom poder acreditar e ter fé. Poder se sentir fazendo parte de algo maior.

A pessoa se autoriza a deixar fluir uma potência, uma revolta e normalmente se entrega mais intensamente ao sentir. Aquele que prefere a notícia neutra é um tipo mais comedido.

De vez em quando tem um ou outro lunático que prefere as notícias verdadeiras. Mas isso está fora de moda hoje em dia. Ainda bem que acabou esse delírio da humanidade de querer usar a razão e saber como as coisas funcionam. Era uma espécie de prepotência, querer se fazer passar por deus e ficar fazendo pesquisa para tentar entender alguma coisa (eventualmente diferente do que já estava escrito nos livros sagrados). No fundo a gente não pode mesmo entender porra nenhuma, então foda-se a verdade e a ciência (não sou eu escrevendo isso, mas uma pessoa agora no meu perfil). Só importa o que eu quero achar que é a verdade para poder continuar vivendo e "seguindo a vida". E depois dessa tem outra. A outra vida. Que ainda vai ser bem melhor que esta aqui.

Enfim, depois de ter se alimentado com as notícias em algum desses estilos (fake, neutro ou real news), você volta ao trabalho, agora já mais fortalecido com tudo o que aprendeu. Você trabalha um pouco mais e depois vai repetir tudo isso nas vastas redes da *social media*, cada vez mais um lugar onde você — e todo mundo — passa muitas horas do dia. Você é do tipo que consome muito, mas também produz. Isso. Você aprendeu isso também: que agora somos todos produtores de conteúdo. Depois você come de novo, trabalha de novo, faz mais compras, de vários tipos, e no fim do dia, abre uma cerveja e entra numa *live*. Depende do dia: ou você entra como aquele que assiste à *live* ou como o que faz a *live* para alguém assistir. *Live*, como a gente sabe, tem a ver com a palavra "Vida". *Live to live*.

Agora chegou a noite. Você come de novo e arremata uma coisinha do trabalho e da casa, eventualmente com outras pessoas que estão por aí nesse território com você, alguns adultos e talvez crianças. Você volta a olhar o mundo pela telinha ou pela tela média ou telona (bem grande, que você pagou em doze vezes com juros embutidos que viraram, mágica, sem juros). Você vê o que está rolando por aí e talvez até dê tempo de assistir a uma história que alguém inventou e vai te contar como um rosário: uma série de contas para você contar. Netflix é o rosário contemporâneo. Netflix, Hulu, Prime Video, Apple e por aí afora. Os terços que rezamos com seus infinitos episódios a serem percorridos — e que, como os antigos, por vezes nos ajudam a não pensar. Só deixar a mente vagar no modo *automaton*. Pelo menos os episódios são aparentemente variados e não é sempre a mesma ave-maria ou pai-nosso. Mais divertido que repetir sempre o mesmo mantra, pois parece sempre diferente. E você vai poder assistir a muitas vidas muito diferentes de muitas pessoas. Aliás, vidas de muitas pessoas ou de muitos personagens. O que aliás nesse mundo não faz muita diferença. Pessoa e personagem é quase a mesma coisa. O avatar é o mesmo, a etimologia é a mesma. A vida toda é praticamente online e no fim do dia você está tão zonzo e tão cansado que nem dá para saber muito bem o que exatamente estão falando e fazendo e pensando todos e cada um deles. E nem mesmo você.

Mas não tem problema não. Agora é hora de tomar uma coisa qualquer para dormir e escovar o dente. Veja só. O mundo tão evoluído, tão modernizado, extração de metais e casas psicodélicas em Marte e ainda não inventaram uma forma mais inteligente e automática de escovar o dente. Pois é. Tem até pesquisas sobre miniaviões urbanos do futuro, uberizados e sem piloto, mas ainda não inventaram um sistema de limpar a tua boca. Nem de fazer uma faxina na tua mente.

Fica tudo meio entulhado, mas tudo bem. De vez em quando dá um *refresh* e recomeça tudo do zero. Até interessante. *Reboot*. Não deixa de ser uma oportunidade para você se reinventar, como era nosso sonho desde que o mundo é mundo e inventaram uma coisa chamada memória para nos atrapalhar.

Enfim, escova o dente, dorme, acorda, toma remédio para ficar bem focado e produtivo e aí você escolhe o cenário e repete tudo de novo. A vida virtual é essa e vai servir muito bem para algumas pessoas. Para quem não servir, tudo bem também.

A gente vai deixar essas pessoas inadaptadas de lado, mas nada que uma ou duas décadas não consigam resolver.

Por que vai funcionar muito bem? Porque a aposta é que dê menos trabalho (duvido) e porque tem gente que ganha dinheiro com isso. E muita gente consegue ganhar mais dinheiro do que normalmente quando explora ou usufrui a vida online.

O ano de 2020 terá sido uma encruzilhada na história humana, que só descobriremos depois, a posteriori? Estaremos diante da afirmação incontestável das formas de vida atuais ou desejaremos criar novas maneiras de estar no mundo? Imagens, ideais, teatros, concentrações, desigualdades, precariado global, elites transnacionais que encomendam discursos nacionalizantes populistas... Conhecer cada vez mais os funcionamentos intrincados entre os sistemas concretos que ordenam a vida e portanto desenham caminhos em nossa vida subjetiva poderia nos ajudar a escolher por onde ir. Às vezes temos a sensação de que o jogo já está tão inconscientemente traçado que nossas palavras só fazem arranhar bem de leve as cascas das estruturas. Ou será que a consciência de como vivemos poderá romper a barreira das telas de uma vida instagramática?

É como se estivéssemos, a partir do acaso do vírus e da oportunidade da quarentena, fugindo do excesso de contatos e conexões tanto reais quanto virtuais com os quais havíamos nos amarrado. *Less is more?* E será que no fundo tudo o que desejamos seria escapar de todos os compromissos reais, os corpos reais, os trânsitos reais e as viagens reais? Afinal, o outro é o inferno ou a única via de paraíso possível? Talvez tenhamos empacado nessa questão e, como agrupamento humano, não cessemos de oscilar entre esses dois polos. Amo o outro e quero ficar grudado com ele; odeio o outro e quero vê-lo destruído, ou o mais distante de mim, o mais isolado, aprisionado, atrás das grades. Sobretudo se ele é o feio e sujo da história, o malvado. Quando conseguiremos simplesmente estar? Conosco mesmo e com os outros que, feliz ou infelizmente, nos circundam. Vida real.

6.
Coletivo conectado: Navegando no mesmo mar

As outras grandes epidemias que assolaram o globo precisaram de anos para se espalhar (e mais anos ainda, às vezes séculos, para serem debeladas). Seja a peste negra ou a gripe espanhola, o espraiamento foi muito vasto mas caminhou misteriosamente, acompanhando acima de tudo os fios comerciais, pegando carona na Rota da Seda, nos navios do Mediterrâneo ou nos deslocamentos da guerra. O vírus, dessa vez, precisou de alguns dias para se espalhar de um Ano-Novo no polo têxtil de Wuhan para as empresas chinesas de confecção que compõem a indústria da moda italiana na Lombardia ou para a multicultural Nova York. E algumas semanas para tomar quase a totalidade do planeta. Até as ilhas mais longínquas. Estamos conectados? Não há como dizer que não.

Não é só gente que se movimenta pelo planeta. Também o capital passeia quase livremente, de forma quase instantânea. Apesar de taxas, rastreamentos, regulações, ele se deseja livre e cria para si uma nomeação ímpar: paraísos fiscais. Como é um valor sobretudo imaterial, ele viaja nos cliques de máquinas e telas de sistemas cifrados e encriptados.

As mercadorias também têm surpreendente alta mobilidade, apesar das guerras comerciais e discursivas — sobretudo se levamos em conta os intrincados circuitos da falsificação nesse misto de legalidade e ilegalidade que é a vida real. Para além de sapatos, roupas e bolsas, temos quadros, joias, remédios (!), bicicletas, peças e por vezes carros inteiros falsificados. Redes mafiosas globais. De qualquer forma, o século XXI tece teias mercadológicas inexoravelmente globais. Às vezes, elas vão se constituindo ao longo da viagem, como os navios-fábrica que começam pescando aqui e entregam peixe enlatado ali. Ou os objetos que compramos hoje e chegam nas portarias amanhã. E a tecnologia, assim como nosso sistema de produção e distribuição, estão tão ágeis que propomos aqui uma "experiência" que será desfrutada acolá. Das máquinas nas nuvens, o filme que você quiser, a música que você desejar, o sexo que te enfeitiçar. Enfim, o dinheiro, os bens e os serviços também viajam bastante.

Já as pessoas não têm tanto direito de viajar assim. Precisam em primeiro lugar de direito e dinheiro, de um passaporte minimamente suportável para quem o recebe e de algum montante de dinheiro para atravessar fronteiras legal ou ilegalmente. Isso envolve acordos bi ou multilaterais, que por vezes demoram décadas para se tecer e de repente são suspensos, como agora, em que o passaporte brasileiro, por exemplo, anda em baixa. De qualquer forma, mesmo o trânsito humano sendo mais restrito que o da moeda e seus representantes, milhares e logo depois milhões de pessoas se infectaram com o novo coronavírus. Essa a primeira evidência de que, por mais que alguns grupos tentem negar, a Terra é redonda e uma só. Por mais que tentemos colocar cercas e muros, fronteiras físicas e psíquicas, o bicho humano é um inexorável viajante. Ele não para quieto, como se tivesse formiga na mente. Que vive irrequieta, justamente, e vai buscar explorar novas terras, novas paragens, e quem sabe, novos trabalhos, tanto para não passar fome quanto para ganhar mais e melhor, com outro tipo de gente. A gente deseja, às vezes muito, um outro tipo de coisa para viver, um outro tipo de gente, de cultura, de comida, de ar e até de temperatura. A gente sempre gostou de tentar ver o que havia por trás do espelho. Não é justamente essa a estrutura do desejo? Fantasiar com tudo aquilo que poderia haver para além do que eu posso ver. Para além do real, mundos imaginários e ideais. Como recusar que somos profundamente exploradores? Humanos são aves migratórias por excelência.

Agora, com a alta movimentação possibilitada pela técnica e pelo barateamento dos custos e preços dos transportes — e ampliação do *business* "mobilidade" para faixas mais amplas do mercado — surgem novas questões. E nesta pandemia, vêm à tona de forma mais aguda as raízes dos problemas práticos com os quais vínhamos lidando, além de todos os outros, mais imaginários, ligados à ancestral figura do estrangeiro. Quem pode viajar? Com quanto dinheiro? Com qual nível de saúde física? Com qual quantum de sanidade mental? Qualquer um pode ir e vir? Por que não? Ou seja, estamos começando a compreender que pensar essas questões em nível nacional ou, no mais avançado dos casos, em blocos continentais, como europeu ou Mercosul, não basta. Mesmo essas iniciativas estando em xeque, é preciso que ampliemos os horizontes e possamos assumir que navegamos no mesmo barco.

A realidade de 2020 nos ajuda a ver que não podemos mais nos furtar a um debate honesto sobre todos os níveis de circulação. E não somente de pessoas, bens, serviços e capital. Também há que pensar sobre trânsito de vírus, bactérias, fungos, que por sua vez se conectam com plantas e animais (humanos incluídos). Como vender animais, vivos ou mortos? Como transportar animais, vivos ou mortos? Criar, reproduzir, engordar, matar, refrigerar, circular e vender, em cadeias refrigeradas. Afinal, abater animais silvestres nos cantos de feiras muito antigas nas encostas de montanhas ancestrais, em que circulam morcegos, cachorros e gafanhotos há séculos, é uma prática que, dado nosso mundo interligado, tem efeito sobre todos os seres vivos. Sobre todas as cadeias, refrigeradas ou não, humanas ou outras. Aqui o hipermoderno se junta ao tradicional, a globalização se junta ao local, a hiperconexão esfacela as bolhas. Porque o seu jeito de comer impacta o meu corpo, e o meu jeito de matar e vender afeta o seu sangue.

No caso específico desta pandemia, tivemos diversos momentos — temporais e lógicos — em que teria sido mais interessante se tivéssemos nos permitido trocar informações de forma mais cristalina e com menos desconfiança mútua. No início do processo, teria sido menos mortífero não ocultar dados e acontecimentos. Se somos uma família global, querendo ou não, devemos informar os outros membros da casa quando temos um problema. Que pessoas estão morrendo e estamos pasmos. Deveríamos tentar entender que raios está acontecendo e buscar juntos uma solução. E depois, até que fomos bem ágeis. Uma equipe brasileira de maioria feminina, note-se, sequenciou o genoma do novo coronavírus, Covid-19, com a ajuda de tecnologia avançada (um feito coletivo de milhares de cérebros) em apenas vinte e quatro horas. Mas, nesse momento, teríamos mais uma oportunidade de operar como um coletivo global: trocar o maior número possível de informações, descobertas e hipóteses para buscar uma saída. Não tem funcionado assim. Afinal, estamos na disputa pela vacina e por bilhões.

Claro, alguns poderão observar que talvez esta tenha sido, mesmo assim, uma das mais gigantescas cooperações da história humana. Dada nossa hiperconectividade — e mesmo dependência material — não teríamos como fazer diferente. Quantos infectados? Quantos mortos? Quais medicamentos? Tratamentos... Aparelhos, equipamentos, insumos... Vamos partilhar esse conhecimento e esses objetos? Essas questões, aparentemente tão concretas, revelam nossa forma de relação, que parece ser intrinsecamente desconfiada e competitiva. É o que ainda presenciamos nesta etapa de construção da vacina — que, curiosamente, não é a construção de uma vacina, o que seria mais lógico, rápido e racional. A verdade é que não criamos ainda um espaço subjetivo suficientemente maduro para uma posição de troca, confiança e construção de um projeto comum, mesmo que em benefício de todos.

Estamos de fato no meio da grande corrida das vacinas. A vacina chinesa? Não tomo vacina. Não quero toxinas dentro de mim. Não tomo vacina chinesa. Compro todas as eventuais doses de vacina, agora já, antes de todos. Sou mais rico e compro tudo, testes, insumos, projetos de cura. Vacina de Oxford? A grife nos é imaginariamente mais confiável (note-se, ela vem com uma marca). A americana? Quer dizer, alemã? Em parceria com alto capital estadunidense? E, no meio de todos os dizeres no salão das apostas, eis que surge da moita a vacina russa. Que não revela exatamente sua composição, metodologia e andar da carruagem na intrincada cartografia dos testes. Será que faz sentido, no meio de uma pandemia global, com milhões de mortos e muitos outros milhões de infectados, pensar em nações? Seria mesmo o melhor conceito neste momento? E mais curioso é ainda pensar no conceito de nação no momento em que os "melhores cérebros" (curiosa ideia hoje naturalizada) são disputados pelos sistemas de pesquisa e desenvolvimento dos territórios mais ricos. Ou seja, o laboratório "americano", que já tem pesquisadores de várias origens, se une ao instituto de pesquisa alemão que também já é mestiço. Sem falar que a vacina da universidade "inglesa" (com cérebros do mundo inteiro) se alia a uma empresa de capital inglês e sueco, mas que de fato, como vimos, capital é um termo bem mais impessoal e amplo que qualquer nação e de fato congrega fundos que migram quase livremente no grande baile dos mercados financeiros.

Enfim, o capítulo "vacina" revela nossas posições subjetivas. Oscilamos, tal qual bebês que começam a se deparar com o conceito de alteridade, entre desejar brincar com o amiguinho e segurar a bola só para a gente. Talvez estejamos nesse estado primário, ainda muito ambivalente em nossa relação com o outro. Ainda precisaremos de tempo para digerir o que fizemos e o que não fizemos, o que poderíamos ter feito e onde foi que pegamos a trilha que veio dar onde chegaremos em 2050. Trabalhos e pesquisas apontarão nossa maneira — inédita ou repetitiva — de fazer face a um problema comum, uma ruptura sanitária que revelou o trágico em vários aspectos da vida de muitos seres vivos. Uma pergunta que se coloca: se hoje ainda não pudemos cooperar de forma livre e confiante, estaremos criando as bases para a ampliação do debate nessa direção? Na prática, voando alto: criaremos um sistema global de saúde pública? Como?

Parece que uma parte de nós se assusta em simplesmente se colocar esse tipo de pergunta. Não tenho nada a ver com isso. Não quero ter nada a ver com isso, essa falta de limite do "meu" ou do "nosso" me apavora. A reação é defensiva, como se nem mesmo nos autorizássemos a pensar e já cortamos o mal pela raiz: que ideia tonta e impraticável, de uma ideologia boba que não entende nada da matriz cruel do capitalismo competitivo. Afinal, estamos vendo como vivemos. Correndo para preservar sua imagem, sua posição em bolsas, comprar insumos e lançar vacinas, tudo bem rápido antes que saibam o que está acontecendo, antes que façam e antes que te destruam e/ou lucrem muito mais que você. Pois é.

Talvez estejamos vivendo assim e tenhamos construído um sistema geral de vida que não nos deixa operar sem ser nessa lógica. É o melhor que poderíamos fazer? Teríamos alguma chance de pensar algo diferente? Aqui temos uma pergunta bem curiosa, que envolve, ao fim e ao cabo, uma mudança de mentalidade. A difícil questão, arranhando o velho enigma: como mudar? Como deslocar placas tectônicas de nossas arraigadas e profundamente inconscientes visões de mundo? Essas "visões" nos ajudam a viver e a sobreviver. Abrir mão delas dá muito medo, pois vai que eu vou numa direção sozinho, como um bobo, e todo mundo está ali repetindo o mesmo jogo e me jogando precipício abaixo. Como instaurar o fair play como o jeito mais tranquilo de jogar, para todos? Esbarramos aqui na questão da confiança. Se não é deus o garantidor de todos os pactos e o juiz último das práticas, como confiar na lei dos homens, que já percebemos que pode ser comprada, transformada, vilipendiada?

Esse talvez seja um dos maiores desafios de nosso tempo: construir uma base de confiança mútua que nos transcenda individual e nacionalmente sem no entanto precisar de bases transcendentais divinas ou religiosas. Porém, parece que esbarramos justamente aí. Vêm ganhando visibilidade e surpreendente poder político, por exemplo, mesmo que indireto, correntes ditas tradicionalistas, que advogam valores "espiritualistas" contra impulsos "materialistas". Forma-se um tecido discursivo que critica direitos humanos, liberdades civis e minorias "identitárias" que devem ser contrapostos às mais nobres e dignas formas hierárquicas de vida, onde a tradição e o grupo seriam superiores a formas individualistas e "globalistas" de dissolução do humano no passo equivocado da modernidade e sua decadência.

Aqui temos o efeito rebote que brota toda vez que grandes mudanças de paradigma vêm à tona. A transformação é profunda e a reação é igualmente densa. Eis o *backlash* conservador que empreende uma "guerra cultural" contra os valores do projeto iluminista moderno. Ouvimos um coro defensivo pré-moderno, à la René Guénon ou Julius Evola, que se manifesta nos discursos contemporâneos de Steve Bannon, Alexander Dugin ou Olavo de Carvalho. O objetivo central parece ser o de costurar nações "cristãs" (como Rússia, Estados Unidos, Brasil) ou nações não individualistas (como Rússia e China) ou ainda não tão modernas (nesse sentido, o Brasil ainda teria algo a ensinar).

Ideais ligados a grupos e comunidades tradicionais (não individualistas nem "globalistas"), espirituais (não materiais), hierárquicos (não igualitaristas) e patriarcais seriam os verdadeiros valores a serem restaurados em uma nova era de ouro da humanidade, que deverá ser arrancada de seu momento de atual degradação. Estado laico? Não. Estado democrático de direito? Não. Feminismo? De forma alguma. Racismo? Sim.

Xenofobia? Sim. Liberdades individuais e direitos civis? Obviamente não. Esse imaginário comporta um sistema de castas superiores e dignas que carregariam as marcas das virtudes espirituais e são representadas sobretudo pelos sacerdotes (padres, pastores, todos os guardiões dos templos do bem) e guerreiros (militares, lutadores, milicianos [?]). As castas inferiores se ocupam da vida material e são formadas pelos mercadores e pelos escravos, isto é, tanto por burgueses quanto proletários, ricos, trabalhadores ou excluídos.

Enfim, a virada moderna teria sido um grande equívoco da história humana e o século XXI assiste a essa miscelânea narrativa que não deixa de surpreender. Tínhamos como estabelecidos conceitos e pactos — subjetivos e sociais — que girariam em torno do Estado moderno, ancorados nos atributos da Razão, da Verdade, da Liberdade e da Autonomia e que, assim, poderiam operar as instituições igualmente modernas da Justiça laica e cega, da Ciência e da Educação, universal e eventualmente universitária e da Comunicação. No entanto, temos sob ataque a ciência, a medicina, a mídia, o jornalismo, o Estado, enfim, o agora famoso Establishment e seu sistema.

O fato é que estamos cada vez mais integrados como planeta Terra, mas pensar a complexidade crescente disso parece um desafio tão grande que por vezes queremos desistir. Como se brotasse a vontade de simplesmente negar essa interdependência e empreender protestos "antiestablishment" ou "antissistema", como se precisássemos destruir "tudo isso que está aí" para poder encontrar algum lugar para respirar. Algum lugar para buscar reconhecimento, mesmo que delirante. Esses discursos carregam a dupla face de idealização nostálgica de um passado de ouro (seja a Idade Média, a supremacia branca, alguma raça pura e superior, a ditadura brasileira, o mundo pretensamente ordenado pré-moderno) e de um presente sem futuro, envolto na angústia da precarização e instabilidade do capitalismo em sua fase hiperacelerada.

Se o coronavírus revelou um mundo hiperconectado e globalizado, a luta contra ele é visceral. Com vários níveis de negacionismo, inclusive aquele que nega a própria existência do vírus. Resta saber se conseguiremos resolver nossos problemas — de todo modo planetários — de forma regional e fechando fronteiras, ou de forma global e trabalhando com um conceito de coletivo cada vez mais amplo. Apesar dessas resistências, o que a pandemia nos revelou, sem escape, é o quanto nos organizamos em pirâmides de altas desigualdades econômicas, sociais, raciais e subjetivas. Se tínhamos dúvidas, agora não podemos deixar de ver que doenças matam mais pobres, negros e vulneráveis. Em proporções altamente significativas. Isso de forma global.

E que estamos entupindo o planeta de sujeira. Da baía de São Francisco que agora aparece mais cristalina à visão límpida do Himalaia sem cortina de fumaça, vemos as diferenças dos índices de poluição em todas as partes mais densamente povoadas do planeta, numa didática comparação antes e depois da pandemia. Se a terra mostra uma alta capacidade de se regenerar, será que nossas mentes acompanhariam esse movimento?

Como estamos vendo em todas as voltas da espiral deste livro, uma pandemia global é um momento de desvelamento de estruturas. E de tomada de inúmeras decisões, levando-se ou não em conta de forma consciente tudo o que vai se revelando ao longo do processo. Se a crise ambiental não tinha, para alguns, levado à consciência de que estamos no mesmo barco, agora não tem mais jeito. O planeta é um só. A modernidade nos trouxe a dupla configuração de uma subjetividade individual e privatizada (o famoso indivíduo moderno) e seu agrupamento orquestrado via geografia, história, narrativa de origem e essa entidade abstrata chamada povo, que se sustentaria enquanto Estado-nação e exerceria sua soberania. No entanto, no momento, diferente do que desejariam os movimentos de reação que acabamos de ver, talvez estejamos nos deparando com uma outra formação simbólica que não se assenta somente na ideia de liberdades e direitos individuais garantidos pelo Estado moderno democrático de direito de escopo nacional. Há já algum tempo complexificamos esse desenho do mundo e formamos blocos regionais com prerrogativas cada vez mais vastas, desde mercado, moeda e fronteiras à defesa e armamento. Em termos psíquicos, estaríamos nos deparando com a formação de um espaço subjetivo coletivo global?

Pergunta intrincada, pois a modernidade talvez tenha nos dado o gostinho de certo império do Eu, e que nos traz imensos avanços em relação à pré-modernidade dominada por um deus onisciente, onipresente e onipotente, como as então inéditas ideias de liberdade, autonomia e desejo (Kant e Hegel que não nos deixam mentir). Porém, como dizia o poeta, nenhum homem é uma ilha. Nem do ponto de vista subjetivo. O espalhamento voraz do vírus nos revela o que nenhum nacionalismo vai conseguir negar: já estamos hiperconectados, tanto tecnológica quanto materialmente, através de nossos objetos, corpos e mentes, amparados pela circulação de trilhões de bits de informação. A longo prazo, não conseguiremos voltar atrás e fazer de nós pequenas tribos ou grupos nacionais protegidos de estrangeiros indesejáveis.

Na prática, o que poderíamos nos autorizar a pensar? Estamos falando de um espaço subjetivo que possa imaginarizar e projetar o inédito. A possibilidade de um ministério dos transportes que seja global? De um ministério da saúde que seja mundial? De ministério da economia? Dos direitos humanos? Também dos direitos dos animais? Talvez dos direitos das florestas e das águas também. Pois percebemos que o mundo é um só e que as matas daqui e as geleiras daí estão interconectadas. O clima não é nacional. O ar não é nacional, assim como os ventos e as energias que possamos extrair deles. A força e a vida que possamos extrair das águas. De quem é a água? O vento, o petróleo, a floresta? De quem são as coisas da terra? São das pessoas que vivem em cima dessas coisas? Do que chegou primeiro em cima desse pedaço de terra? Até agora, criamos um regime de propriedade no qual quem possui é quem pisa primeiro em cima do poço de petróleo e da faixa de terra fértil e do rio que a alimenta. Se temos pensado assim há milênios, quem sabe este momento histórico nos possibilite abrir a mente e pensar, somente um pouco, devagar e sem doer, que talvez possamos criar outras metodologias para saber aproveitar o que temos no planeta e, sobretudo, como partilhar e como não destruir nem exterminar.

Estamos no mesmo barco. Aliás, como nos alertam os memes, alguns seguem de canoa, uns poucos de iate e a maioria nem sequer tem boia de salvação. Se não no mesmo barco, todos navegamos no mesmo mar, nossa base e sobrevivência. O planeta é um só. Enfrentaremos esse fato ou criaremos estratégias cada vez mais defensivas de agrupamentos identificatórios? A estrutura será a de uma psicologia de massas levemente paranoides ou novas formas de construção do comum poderão surgir? O que eu sou e como eu vivo se relaciona com o que o outro é e como ele vive. Quero acreditar que estejamos interessados em escutar isso. No entanto, parece que os acontecimentos apontam na direção de uma aceleração nas tendências "separatistas" da geopolítica nascente no século XXI, com cada vez mais amplo estranhamento do outro. O que se traduz em polarização, populismo, xenofobia e desglobalização.

No entanto, o que vivemos em 2020 nos mostrou que estamos juntos. Conseguiremos sonhar esse sonho? Teremos a coragem de nos conceder o direito de imaginar todas as formas possíveis de viver juntos neste barco que, afinal, não é tão apertado? Mesmo que a vinda do vírus nos faça desejar muito retornar "ao normal" ou tentar desenhar esquemas que mimetizem um "novo normal", em nosso insistente desejo de norma, categorização e previsão, talvez a semente da criação de algo diferente tenha sido lançada. Quem sabe esta experiência profundamente coletiva, simultânea no tempo e no espaço, nos permita fazer face ao que está pulsando há poucos séculos: habitamos o território do comum.

7.
Luto e morte: A sua e a minha

Raras vezes um grande número de pessoas tem a mesma experiência ao mesmo tempo. Em 2020, além de crises aqui e conflitos ali, nós todos, bilhões de pessoas, vivemos uma outra relação com a morte, diferente da habitual. A habitual é a gente poder esquecer da morte para seguir a vida. Esse o pacto implícito e muitas vezes inconsciente que fazemos em diversas instâncias para suportar o "peso da vida", que poderia ser traduzido como a consciência da finitude e do não sentido a priori do próprio fato de ter vindo à vida. Como damos cabo dessa tarefa? Para tornar a vida mais leve e factível, temos alguns recursos psíquicos para manter a morte como um dos grandes recalcados da cultura.

Em primeiro lugar, e desde tempos imemoriais, criamos narrativas que expliquem o que não sabemos e talvez não venhamos a saber, nunca. As velhas irrespondíveis perguntas: de onde viemos, quem somos, para onde vamos. Buscamos sem cessar a "origem". As melhores teorias até o momento nos dizem que a origem da vida se faz a partir de transformações muito lentas e cada vez mais complexas das partículas mínimas da própria vida. E que uma espécie se origina de outra espécie que se origina de outra espécie. E a origem do universo — tudo aquilo que existe, para além do que podemos ver — se deu com uma explosão. Os séculos XIX e XX puderam nos trazer formas inéditas de explicação da origem, para além dos mitos de origem transcendentais. E no XXI, temos não somente telescópios e satélites para "ver", mas surreais máquinas para "ouvir" o som do universo e sua radiação cósmica de fundo. No entanto, mesmo com *big bang* ou teoria da evolução, ainda assim nos perguntamos o que havia "antes".

Quem somos? Seres criados por forças sobrenaturais ou forças naturais — essa é uma longa conversa. E por vezes matamos por esse debate. O caso é que temos que inventar o que fazer nesse meio tempo em que estamos vivos. E criamos inúmeros sentidos, e normalmente cada momento histórico contribui de alguma forma com um sistema de sentido principal, que ordena para nós a multiplicidade de concepções. Por exemplo, durante milênios tínhamos a segurança um pouco autoritária e muito temível de viver esta vida na terra como um grande teste para nos preparar e eventualmente alcançar uma outra vida, nos céus. Há alguns séculos temos deixado isso como lateral para focar nossos esforços no *hic et nunc*, no aqui e agora da vida "terrena" e portanto profundamente material, concepção que nos convida a trabalhar e ter dinheiro para usufruir do máximo que nos for possível gozar neste breve espasmo de tempo. *Carpe diem*. E atenção: o dia é curto. Como aprendemos com a sabedoria dos mais velhos: a vida é curta. Hoje em dia, quando ela chega ao fim, temos rituais mais assépticos do que antes para realizar a "passagem". Inventamos o hospital e a medicina como guardiões do momento de morrer e os vários tipos de asilo para acolher a vida antes saudável que se fragiliza, adoece e termina. Enquanto isso, a grande massa humana foca na sobrevivência e trabalha pelo pão nosso de cada dia.

Para onde vamos? Também aqui os humanos se dividem: retornamos ao pó de onde viemos e esse é o fim. Uma parte de nós retorna ao pó de onde viemos e outra parte segue a viagem. Para destinos mais ou menos conhecidos, de acordo com o desenho teórico ou mítico que tecemos com mais ou menos detalhes. Para alguns teremos céus e virgens, para outros beatitudes abstratas, para outros punições. Sem dúvida esse é um vastíssimo campo com o qual ocupamos há séculos nossas mentes e nossas imaginações.

E nessa ampla teia difusa de sentidos, muitas vezes concorrentes e contraditórios, vamos tecendo nossa vida, nos esforçando para escapar da angústia e da melancolia que podem surgir ao nos deparar com o fato de que talvez o planeta sobre o qual nascemos, afinal, é somente um tanto de pedra e gás como a maior parte da matéria que compõe o universo. Com um pouco de carbono e vida orgânica, eventualmente consciente, sobre ele.

O caso é que, no ano de 2020, a vivência coletiva de uma pandemia alterou esse frágil equilíbrio entre consciência e inconsciência da angústia. E ela voltou a caminhar entre nós, sem tantos disfarces. Sabemos que a Covid pode asfixiar e te deixar morrer sozinho e essas são imagens arquetípicas do medo. Aliás, são imagens que podem se repetir em sonhos de angústia: morrer sufocado, se afogar, querer respirar e não conseguir, querer gritar e não conseguir, estar em meio ao fogo e ao caos, estar perdido, perseguido e só. Sabemos também que esse vírus pode atingir outros órgãos vitais além dos pulmões e mesmo deixar sequelas ainda não decifradas, inclusive neuronais. Assim como deflagrar em algumas crianças e jovens, de forma rara mas letal, uma síndrome ainda desconhecida. Ou seja, não é leve.

E estamos começando a compreender que, para além dos sintomas no corpo, a pandemia e a quarentena deixarão rastros profundos na saúde mental. Imersos em um tempo de incerteza, ameaça, medo, solidão, falta de dinheiro e às vezes de trabalho, aumenta em ampla escala o sofrimento psíquico. E com ele os índices de depressão, insônia, crise de ansiedade e síndrome do pânico. Isso sem falar da lógica bipolar, que nos joga no círculo vicioso de momentos de mania e idealização para logo em seguida nos fazer despencar sobre o lixo fracassado da vida que levamos, numa gangorra imaginária vertiginosa. Esses dados caminham com o aumento significativo de suicídios na pandemia. Lembrando que para cada suicídio levado a termo há cerca de vinte tentativas. Além do aumento dos números entre crianças e jovens. Também aqui a pandemia colocou sua lupa em um problema anterior. Temos desde 2015 a campanha Setembro Amarelo e a coragem de lidar com o tabu do suicídio e escutar as várias faces dessa complexa questão "multicausal", e que revela bem a sobreposição entre o drama individual e a saúde pública.

Temos uma relação ambígua com a morte: por um lado não queremos saber disso de jeito nenhum e construímos recalques, negações e tabus. Por outro, temos um interesse por vezes voraz e macabro (essa a palavra que usamos) no tema. Às vezes explícito, como em programas de TV ou vídeos da rede que mercantilizam o trágico ou na erótica da morte de movimentos fascistas; às vezes sublimados, como através dos objetos da cultura que circundam zumbis e mundos do além. No entanto, em 2020 a caixa de Pandora foi aberta pela Fortuna de outra maneira. Temos todos os dias gráficos e tabelas que nos dizem o número de infectados e o número de mortos. Quanto? De fato, não sabemos muito bem. Porque não queremos ou não podemos "testar", pois esse teste de realidade seria muito difícil para nossa frágil estrutura mental e social. No Brasil, inclusive, lidamos com a doença e a morte de forma subnotificada, trabalhando com um número seis a sete vezes menor que a realidade, além dos curiosos malabarismos estatísticos e comunicacionais de certas instâncias de poder a fim de ocultar os dados. De qualquer forma, qualquer que seja a real magnitude do que estamos atravessando, se pessoas mais próximas ou mais distantes de nós, o fato é que estamos perdendo vidas (várias das quais poderiam ter sido evitadas, num misto de gozo mortífero, inépcia e pânico para enfrentar o real).

Estamos vendo que o fim é um fato incontornável. E não somente sabendo racionalmente disso, mas vivendo, na pele. Quem sabe, fazendo a travessia de mais essa ferida em nosso narcisismo humano e podendo, no melhor dos casos, subjetivar a condição em que a vida se faz existir (com alguma alegria, e sem deprimir). Houve a explosão do nascimento e do *big bang*. Um dia, daqui a uns anos, a vida acabará para nós. Um dia, daqui a trilhões de anos, o universo acabará. Essa a vaga porém científica estimativa de quem pesquisa a "morte do universo", e traça hipóteses de como isso deve ocorrer, em nível astrofísico. As partículas devem cessar de espalhar sua energia ou ser engolidas por um gigantesco buraco negro. Seja a nível universal, seja a nível individual — esse aglomerado singular de partículas chamado indivíduo.

O mito já nos dizia: Cronos recebeu uma foice de sua mãe Gaia e matou o pai, Urano, castrando-o. É destino simbólico dos filhos matar os pais e eventualmente superá-los. Cronos tenta escapar da profecia de também ser morto por seus filhos e vai engolindo-os um a um, tal como Goya, Rubens e tantos outros nos representaram. Mesmo o tempo (cronos, em grego) é implacável: no frigir dos ovos, não sobreviveremos aos nossos filhos e estes não sobreviverão aos seus filhos, e assim a vida se faz e se desfaz por horas sem fim. É destino dos vivos ceder lugar aos que virão, se deixar ultrapassar por seus filhos. Ao menos até a morte deste universo (daqui a trilhões e trilhões de anos). E, quem sabe, depois deste, outros virão.

Enfim, para morrer, basta estar vivo. Como elaborar o peso dessa verdade? Esse o trabalho do luto. E o luto não é só em relação à morte real, mas em suas várias camadas: de nós mesmos, de nossos ideais, do outro, da vida. Ele tem a ver com um processo de separação. Pois é de tudo isso que aprendemos (ou não) a nos separar. É como se vivêssemos em uma contínua dialética entre mergulhar na díade com o outro e se separar dela. Fazer e desfazer elos, laços, por vezes amarras. E díade aqui na melhor acepção da palavra, não necessariamente na loucura da relação dual, narcísica e eventualmente delirante em que construímos esquemas destrutivos, monótonos ou intoxicantes. O relacionamento tóxico é aquele em que nos deixamos levar pela dupla sedução do gozo em ser maltratado pelo outro enquanto buscamos acreditar que alcançaremos o ideal do qual ele nos acusa de estarmos inexoravelmente apartados.

Às vezes temos muita dificuldade de fazer o luto de uma relação e do ideal que sempre acompanha qualquer relação, sobretudo aquelas das quais não se consegue separar. A velha luta entre o real e o ideal, ou, para ser mais preciso, entre o ser e o luto de si mesmo. Aquela mãe que se queixa da filha para sempre insuficiente que não deixa de se esforçar para ser a filha ideal da mãe cruel, que, talvez, pobre coitada, é por sua vez o ideal fracassado de sua própria mãe. A garota que seduz a BFF (*best friend forever*, veja só, agora que "melhor amiga" não basta e temos também que vender a promessa da eternidade) ao mesmo tempo que a trai roubando o namorado. Afinal, para onde se encaminha o desejo a não ser para o interdito? Nada como mergulhar na intriga infinita instaurada pela velha questão do início dos contos de fadas: espelho, espelho meu, há alguém mais bonita do que eu? Ou o homem que acusa a mulher de não ser suficientemente bela e desejável para ele, pobre princesa patinha feia, que carrega milênios desses mesmos contos de bruxas em suas costas e que se esforçará sem cessar para encontrar a pérola perdida com que o outro ao mesmo tempo lhe acena e lhe escraviza na negativa. Ou o patrão levemente sádico que tem a arte de seduzir vários serviçais esforçados jogando com a possibilidade do alto cargo que vagará em algum dia remoto. Aliás, tática também suprema da política, em que o líder, carismático ou não, sabe bem manipular os egos inflados da corte que lhe acompanha em troca de um prêmio futuro que nem precisa existir. Seja na família, na amizade, no amor, no trabalho, na política, em qualquer relação humana mais ou menos instituída, o luto está sempre presente. E, curiosamente, sempre em falta. Pois o maior desafio é poder realizá-lo. Não o luto fingido, e por vezes dramático, para que se receba reconhecimento público, flores e dinheiro. Mas o luto que elabora a perda do que fomos e, sobretudo, do que poderíamos ter sido.

    Se é sempre difícil poder se separar da roupa que não nos serve mais, imagina em uma cultura que não pode perder nada. Que nos engana dizendo que estamos sempre prontos para a outra, para a próxima, para o seguinte, quando na verdade a outra experiência, a próxima balada, o gozo seguinte somente tem a função de não nos deixar confrontar com o vazio. É a cultura do exagero e do muito. Da sobrecarga. Como se todos estivéssemos sempre com o armário abarrotado. E aí temos que fazer feng shui ou retiro do desapego. Para quem sabe aprender quem somos nós e qual o estilo da mochila que estamos a fim de carregar. Mas digamos que a cultura das malas venceu. E malas belas. Mesmo pesadas, ou sem alça, pelo menos são de grife. Enfim, vivemos a era da vitória dos espelhos que se replicam sem cessar, como aqueles antigos palácios que já estiveram na moda e forjam muitos jogos de imagem. A operação central que nos mantém tão ocupados é justamente a negação da falta e do luto.

    Mas a perda está aí, no mínimo das formas de vida que levávamos até então. Neste ano de 2020 isso significa, além de vidas e ideais, também perda de alta produção, farta mobilidade e eufórica sociabilidade. Éramos tal qual formiguinhas frenéticas que precisam trabalhar muito, falar muito, correr muito e ganhar muito. Para manter todo o circo de pé. Será que conseguiremos parar a roda e abrir um espaço subjetivo para pensar criticamente sobre esse espetáculo que orquestra — um pouco desafinadamente — nossas vidas? Seria um grande salto, e quem sabe um real ganho, poder realizar o luto de tudo o que carregamos e talvez não queiramos mais. Tanto no nível de cada vida singular quanto de nós todos como um coletivo, seria heroico poder perder ao menos uma parte do lixo que nossos sistemas de vida geram e, quem sabe, das várias premissas que talvez não façam mais sentido para os bichos sapientes de uma terra em exaustão.

No entanto, aparece de todos os lados o desejo de negar a perda e buscar a "retomada" de tudo. Mais e melhor, melhor e mais rápido.

Alguns (muitos?) acham mais fácil seguir a vida sem realizar luto algum. Sim, pois o luto é uma realização. Luto exige trabalho, como hoje a gente diz com certa naturalidade. E trabalho exige tempo — inclusive faz parte dos cálculos da física e da matemática. Normalmente são variáveis proporcionais. O detalhe é que aquilo que a gente não faz muito bem, e dá uma enrolada, vai te demandar trabalho dobrado ali na frente. E, se não for neste momento, vai ser no futuro; pior, se não for nesta geração, vai para a próxima. Sim, os recalques, as loucuras, os segredos se transmitem de geração em geração. Essa é uma lei psíquica que sustenta as repetições, os ocultamentos e desvelamentos da história. Psicanálise também é genética, pois a psique carrega os intrincados fios da gênese simbólica, a que dá os significados e move as forças que nos constituem.

Luto, então, demanda tempo que permite o trabalho que se dá no espaço. No espaço da relação com o outro, na partilha com os outros. O luto sempre tem uma dimensão íntima, daquele sofrimento que é só seu; uma dimensão privada, daquilo que circula nos próximos daquele que partiu; e uma dimensão pública, de reconhecimento daquela perda e do valor de quem morreu. Respeitamos e acolhemos a perda que está sendo vivida por aqueles que perdem algo que fará falta e dava sustentação a algo. O valor da perda é tão maior quanto maior o grau de sustentação, justamente, que esse outro concedia a quem lhe perdeu. Um bebê perde a mãe. Se a comunidade lhe acolhe em cuidados e lugar de reconhecimento simbólico, talvez o buraco do outro que se foi não lhe esburaque a alma nem lhe deixe na loucura. E assim o luto é partilha e trabalho social. Como diz um ditado africano, é preciso uma vila para educar uma criança. Assim como é preciso uma vila para se atravessar o luto. Há que se chorar nossa perda e nossos mortos junto com os vivos, num processo de reconhecimento da vivência da perda e do esforço para se abrir a fresta para o sopro de vida. E poder seguir a vida, sem a tentação da melancolia. Por isso os rituais de nascimento e de morte.

Como temos aprendido, há que se realizar algumas operações lógicas (subjetivas) para poder atravessar um luto. Reconhecê-lo é central. E isso pode demorar. Podemos ficar na negação, na ira e na revolta. Muitas vezes essas são formas de escapar de um precipício imaginário ligado à ideia de permanecer vivo com aquele buraco no meio de nosso mundo. Mesmo que devagar, chega um momento em que começamos a aceitar. E aí vem a névoa da tristeza. A grande tristeza — não a melancolia infinita —, a que simplesmente olha no olho do furacão do vazio. O vazio daquela pessoa, daquele tempo, daquela escola, daquele amor, daquela cidade, daquele membro. Daquele pedaço de mim. Que se foi e me deixou sem uma parte. Pode parecer dramático — e muitas vezes a estrutura das narrativas do drama se desenvolvem em torno de um núcleo profundo de perda, na origem do relato ou na iminência contínua da perda (que afinal é a estrutura da vida de todos nós). Depois do vazio escancarado, a lenta costura para tentar diminuir o esgarçamento. Às vezes funciona. Vai secando, secando, até que sobra a cicatriz para marcar a memória. De tudo resta um resto. E com eles, esses restos de tudo o que morreu, se desenha a história.

Neste momento insólito, por causa de um vírus transmissível pelo ar, os rituais se transformaram e devem ser diminutos. Assim, temos que fazer também o luto do luto. Ou elaborar a perda dos rituais sociais e amplos do luto que, em alguma medida, nos sustentavam. Eis então mais um desafio: a invenção de outras formas de luto social. Luto pelo zoom? Empresas especializadas em lutos remotos? Rituais à distância? Como discutimos antes, o mundo online talvez venha a nos ensinar outras formas de sentir, e de elaborar afetos e perdas.

Enfim, qualquer que seja o formato, como ultrapassar a tristeza e o trágico de qualquer luto? É preciso elaboração e o tempo para ela, junto com o outro, o outro próximo que sobreviveu conosco e todo o grupo social que nos transcende. Para, enfim, poder realizar a operação central do luto: pegar um pouco daquilo que se foi e fazê-lo nosso. A identificação com um traço do objeto perdido, essa é uma via possível. Pegar um gosto, um gesto, um sorriso, uma mania, um objeto que era do outro e que de agora em diante faremos nosso. Quem sabe um nome. Quem sabe uma tarefa, um sapato, um livro a escrever. Quiçá uma causa, uma missão. Afinal, não é assim que as coisas passam de pai para filho? De mãe para filho ou filha? De geração em geração? Recebemos a vida, reproduzimos a vida, saímos da vida.

Pegamos um traço e carregamos uma lembrança. Você será lembrado, falado, inscrito na velha, velhíssima cadeia simbólica que o bicho humano criou. Ter a coragem de enfrentar a perda e se deixar ficar num lugar de falta. Se não de falta, ao menos de incompletude.

Aos vivos resta seguir. Com todos os outros e com os mortos que carregamos.

E aqueles aos quais convidaremos à vida também.

Sobre a autora

Maria Homem é psicanalista, pesquisadora do Núcleo Diversitas da FFLCH/USP e professora da FAAP. Com pós-graduação em psicanálise e estética pela Universidade de Paris VIII, Collège International de Philosophie e Faculdade de Filosofia, Letras e Ciências Humanas da USP, é autora de *Coisa de menina?*, *No limiar do silêncio e da letra*, entre outros.

© Maria Homem, 2020

Todos os direitos desta edição reservados à Todavia.

Grafia atualizada segundo o Acordo Ortográfico da Língua Portuguesa de 1990, que entrou em vigor no Brasil em 2009.

capa
Todavia
composição
Manu Vasconcelos
revisão
Huendel Viana

6ª reimpressão, 2021

Dados Internacionais de Catalogação na Publicação (CIP)

Homem, Maria
Lupa da alma : Quarentena-revelação / Maria Homem. — 1. ed. — São Paulo : Todavia, 2020.

ISBN 978-65-5692-015-3

1. Literatura brasileira. 2. Ensaio. I. Título.

CDD B869.41

Índice para catálogo sistemático:
1. Literatura brasileira : Ensaio B869.41

Bruna Heller — Bibliotecária — CRB 10/2348

todavia
Rua Luís Anhaia, 44
05433.020 São Paulo SP
T. 55 11 3094 0500
www.todavialivros.com.br

fonte
Register*
papel
Pólen soft 80 g/m²
impressão
Geográfica